Танио Романо
Tanio Romano

Палестинский обман

Реальная история после 75 лет неописуемых антиизраильских fake news

Перевод Ларисы КИШКЕВИЧ

Авторские права © 2024 Tanio Romano

Танио (Гаэтано) Романо автор бестселлеров, которые оценены также историками и академиками в Италии и за рубежом. После успеха в Италии *«Палестинский обман»* – для удовлетворения международных запросов – был переведен также на английский, испанский, французский, немецкий, португальский, голландский, арабский языки и на иврит. Профессиональная страница Гаэтано на FB уже давно превысила 19.000 подписчиков.

https://www.facebook.com/
ThePalestinianDeceit/

https://www.instagram.com/ingannopalestinese

https://twitter.com/IngannoPale

https://threads.net/ingannopalestinese[1]

https://www.facebook.com/TanioRomano

---

1. https://treadhs.com/ingannopalestinese

Моим землякам иудейской религии, внесшим вклад в борьбу за освобождение от иностранных захватчиков в 1861 и 1945 годах, и всем израильским друзьям
ПОСВЯЩАЕТСЯ

Содержание

Примечания автора

Это эссе было тщательно проверено и перепроверено; несмотря на это нет такого автора, который считал бы свою работу идеальной, и наверняка оно не идеально. Так как в нем присутствуют многочисленные даты, имена (особенно ближневосточные), источники, цифры, цитаты и анекдоты, естественно, что в текст могла вкрасться какая-нибудь ошибка или опечатка. Мы верим в благосклонность, которую читатель обычно проявляет к тем, кто работал абсолютно добросовестно. Мы незамедлительно готовы исправить ошибку в отношении любого, кто по уважительной причине попросит об этом.

Именно из-за этого огромного количества информации, а также чтобы сделать чтение максимально плавным, мы решили – в отличие от других пяти книг автора - избегнуть также метода интертекстуального цитирования источников («Гарвард» или так называемого «имя-дата»).

Поэтому соответствующие источники, из которых почерпнута многочисленная информация, предложенная в этой книге, будут указаны отдельно.

Здесь следуют некоторые указания для более удобного чтения:

1 ... Пропущенная часть цитаты.

2 [Примечание автора] Комментарии или интеграции, приведенные в эссе курсивом и между кавычками, не относящиеся к оригинальному тексту.

3 Писатель заранее приносит извинения авторам любых цитат или отрывков, ошибочно приведенных полностью или частично, даже если это касается только пунктуации.

4 Суждение о людях, фактах или поведении является всегда личным фактом пишущего и не претендует быть непременно обоснованным или правильным.

5 Сознавая, что в исторической реальности «палестинцами» всегда считались евреи – как это широко продемонстрировано в эссе – но учитывая, что с 60-х годов семантически точное употребление термина было перевернуто с ног на голову, чтобы читателям было понятнее, мы будем употреблять термин «палестинцы», начиная с самого названия, в обиходном (хотя и неверном) смысле.

Введение

Наверное, нет никакого другого исторического вопроса, который смог бы стандартизировать международное общественное мнение на одном и том же фронте, - независимо от разных политических, религиозных, этнических, национальных или социальных группировок, - так как это сделал арабо-израильский конфликт.

В действительности, «палестинскую» сторону поддерживают иногда без знания предмета, а иногда совершенно недобросовестно. Автор тоже – несмотря на то, что у него до последнего времени никогда не было своей твердой позиции, - питаясь только доступной публичной информацией, всегда считал Израиль виновным хотя бы в том, что он дал начало полемике, оккупируя чужие земли.

Стало огромным сюрпризом – после глубокого изучения источников – открыть, что дела обстояли не так, а на самом деле их ловко перевернули: например, что в реальности все исторически считали *палестинцами* евреев – по меньшей мере до 60-х годов; что разжигателями ненависти, а также исполнителями слепого насилия, истинными поджигателями войны, с 1947 года, были именно арабы; что средства информации, социальные сети, государства, международные организации, (в том числе неправительственные) опирались на невероятное количество подделок, умолчаний, ошибок и невыразимых ужасов; что Израиль фактически – в отличие от арабских государств – это одна из самых свободных, демократических, межрелигиозных и мультирасовых стран в мире; что израильтян упрекают, невероятно, не только в том, что они существуют, но даже в том, что они смеют защищаться от военных и террористических агрессий; что настоящее лобби это арабское, постоянно поддерживаемое огромным международным экономическим финансированием, которое мы раскроем в мельчайших деталях; что на протяжении более чем 75 лет палестинский лагерь постоянно управляем, пронизан и защищен персонажами с нацифашистской идеологией с её типичными паролями и лозунгами, с показными антиизраильскими бойкотами; что во время Второй Мировой войны США и Великобритания были прекрасно осведомлены о Холокосте, но предпочли не вмешиваться, чтобы не порождать враждебности арабских народов.

Не было только *справочника* информативного характера- но в любом случае всесторонне и глубоко продокументированного, автор которого не был бы связан ни с одной из вовлеченных сторон и без каких-либо предубеждений.

Это не значит, что склонность писателя к (израильской) демократии неочевидна, но это лишь следствие оценки фактов и взвешивания доказательств, о чем скажем позже; это не немотивированное предположение.

Автор – не израильтянин, не иудейской религии, - считает, что Италия (и Европа), вместо проведения атавистической пропалестинской политики, могли бы лишь прогрессировать, взяв за пример такое открытое общество, как израильское.

Единственное – возможно неповторимое – на Ближнем Востоке.

Глава 1 – "Бесспорно!"

Глава 1 – "Бесспорно!"

Изобретение «Палестины»

Зухаир Мухсин, член Исполнительного комитета ООП, в своем интервью голландской газете Trouw 31 марта 1977 года признает: «*Палестинского народа не существует. Создание Палестинского государства это только инструмент для продолжения нашей борьбы против государства Израиль для нашего арабского единства*».

Изолированное мнение даже среди арабов? Отнюдь не так: Азми Бишара, израильский араб, бывший палестинский депутат Кнессета, бежавший из Израиля потому, что был замечен в шпионаже в пользу Хезболлы во время второй ливанской войны, выразил такую же концепцию: «*Палестинского народа не существует...*» В 1937 г. местный арабский представитель Ауни Бей Абдул-Хади, предупредил комиссию *Peel*, которая занималась разделом Палестины: «*Не существует! Палестина это понятие, выдуманное сионистами! В Библии нет Палестины...*»

Я намеренно дал слово *в начале* этой книги непосредственно самим «палестинцам», чтобы опровергнуть и развенчать первую большую ложь; никогда не существовали палестинский язык и культура; это чистая «выдумка», так же как и иорданцы, сирийцы, ливанцы и иракцы – все национальные образования, созданные после Первой Мировой войны.

Во время Британского мандата (1918-1948) Палестина была формально определена как регион площадью около 26.320 кв. км, ограниченный на севере холмами южнее реки Литани в Ливане; на востоке рекой Иордан, Мертвым морем и долиной Арава; на западе Средиземным морем и Синайским полуостровом; на юге заливом Эйлата.

Здесь необходимо обратиться к этимологии: Святая земля на латыни называлась *Syria Palestina*, на библейском иврите *Pelesheth* «Плешет», или *Eretz Pelishtiyim*, «Земля Филистимлян», в современном иврите была заменена на *Eretz Ha-Ivrim*, «Земля евреев», «Земля Израиля», *Medinat Israel* «Государство Израиль», а еще «Земля, текущая молоком и медом», «Обетованная земля». *Filastin* на арабском языке происходит именно от латинского названия, восходящего к 135 г. н.э., оно связано с названием морского народа с Эгейского моря, который в древности осел на побережье Ханаан, т.е. филистимлян. Впоследствии латинское *Filistea* превратилось со временем в Палестину (*Palistina* или *Palestine*).

Тем, кто оспаривает право собственности евреев на эту территорию, достаточно вспомнить что Двенадцать колен Израиля сформировали первую конституционную монархию в Ханаане еще около 1000 г. до н.э. Хотя во время монархии так называемая «Палестина» была разделена на два королевства, на протяжении более 400 лет большинством жителей там были евреи. К концу II тысячелетия до н.э. евреи мигрировали также в Иудею, Самарию и Галилею; бо́льшую часть следующего тысячелетия они являлись большинством населения и правили почти всей страной. Наоборот, подавив два восстания (Первая и Вторая иудейские войны) в 66-73 г.г. и в 132-135 г.г. н.э. римляне называли *Палестиной* именно Иудею, *Iudaea*. Несмотря на всё евреи оставались в Палестине с момента, когда Моисей (Мошѐ) привел их сюда, и непрерывно до 1948 г. – хотя как меньшинство по вышеуказанным причинам.

Археология также подтверждает что после еврейского завоевания в 1271 до н.э. присутствие евреев все время было гарантировано в последующие 3.300 лет. Доказательством того, что территорией, на которой простирается сегодня Государство Израиль и часть территорий, была именно Иудея, является и то, что на монетах, посвященных победе Тита и Веспасиана над восставшими евреями в 70 г. н.э., можно прочесть *«Iudaea capta est»* (Иудея взята). Совершенно ясно. А мусульмане? Арабы завоевали Палестину только в 637 г. н.э. и правили здесь до 750 г. н.э., в целом 113 лет; обратите внимание, что столицей был выбран город Рамла (а не Иерушалаим). После этой оккупации, единственное арабское господство в нашу эру длилось только 22 года. Зато были широко распространены вторжения персов, черкесов, византийцев, курдов, крестоносцев и монголов, мимоходом египетских мамлюков и кончая турками, которые создают Османскую империю. Именно во времена Османской империи, в начале XX века, кроме евреев здесь появились магрибинцы, египтяне, друзы, армяне, греки, турки и туркмены, бедуины из Аравии, чеченцы, черкесы, азербайджанцы, албанцы, курды, боснийцы и венецианцы.

Нет даже тени «палестинской» этнии или группы. Между прочим, палестинский флаг (придуманный с нуля) точно такой, же, как у Иордании с общей границей, (какое совпадение!), только на нем одной звездочкой меньше.

Известный арабо-американский историк, заслуженный профессор семитской литературы Принстонского университета Филип Хитти Хури, уже в 1946 г. гарантировал: «В истории нет чего-то такого как Палестина, абсолютно нет».

Будем надеяться, что хотя бы в Коране будет какая-то ссылка. Нет, упоминается «Святая земля» (*al-Arad al-Muqaddash*), но ни разу «Палестина». Еще и сегодня многие «палестинцы носят фамилию *Аль-Масри* (египтянин), *Масарва* (египтяне), *Аль-Хаурани* и *Файуми*; что свительствует об их происхождении из Египта. Вот в чем признался министр внутренних дел *Хамаса* Фатхи Хамад: «*Все жители Газы наполовину египтяне и наполовину саудиты*».

А где же родились «палестинские» главари? Президент ООП Махмуд Аббас (он же Абу Мазен), родился на территории, которая принадлежит Израилю, еще меньше первый лидер ООП Ясир Арафат, который родился и жил в Каире до совершеннолетия.

Напротив, Израиль не был создан и/или основан в 1948 г., это год, в котором была лишь формализована ситуация, существовавшая за две тысячи лет до того, как там проявился ислам. Это демонстрирует тот факт, что до 1967 г. ни один неиврей не называл себя палестинцем. И подумать только, что сегодня есть люди, как в политике, так и в средствах массовой коммуникации, которые перевернули с ног на голову их же убеждения.

Вот вам несколько простых примеров: давайте прочитаем заголовки газеты «Единство» (Унità) от 15 мая 1948 г. (понедельник): «*Палестина захвачена арабскими войсками*», «*Английские офицеры командуют арабами*», а также «*В ООН украинский делегат обвиняет империалистов*» (!) и ниже, большими буквами: «*Англия организовала арабское вторжение в Палестину*»; еще ниже находим «*Английское оружие и командиры арабским войскам*» и «*К полному разрушению Иерусалима*»

Отдельный случай? Я бы не сказал : 14 февраля 1948 г. заголовок был: «*Арабы готовятся захватить Палестину*». Не были исключением и местные издания, например газета Пьемонта от 13 февраля 1948 г., в которой было помещено фото Мухаммада Амина Хуссейни, великого муфтия Иерусалима, где он отдавал нацистское приветствие добровольцам исламских Ваффен СС (*Waffen SS*) в ноябре 1943 г. Ниже символичная подпись:

«Из своего генштаба великий муфтий готовит вместе с господами Лиги арабских государств вторжение в Палестину и истребление евреев. За интригами бывшего лоялиста Гитлера – тень британской Службы разведки».

И карикатуры в газетах в том же духе. На одной из них, в той же газете «Единство» (Унità) от 22 января 1947 г. надпись Тель Авив над изображением двух военных (один с повязкой военной полиции) и надпись внизу *«Какие упрямцы эти евреи, нет сил объяснить им, что это мы делаем для их же блага».* За ними видятся три фигуры в гражданском (евреи), безжизнено лежащие на земле.

Даже ООН, в своей резолюции о разделе в 1947 г., говорит о *«Еврейском государстве»* и *«Арабском государстве»*, и ни разу о *«палестинском».*

С другой стороны, если бы это было не так, как мы аргументируем, тогда почему газета Сионистской организации в США называлась *«Новая Палестина»* (*New Palestine)*, Израильская электроэнергетическая компания носила имя *«Палестинская электроэнергетическая компания»* (*Palestine Electric Company)*, как объяснить, почему существовал еврейский *Палестинский учредительный фонд* (Керен ха-Йесод) или почему в Америке гимн молодых сионистов содержал слова *«Палестина, о моя Палестина»*; и опять же, почему *Jerusalem Post*, с 1932 г. по 1948 г., был *The Palestine Post*, банк *Bank Leumi*, с 1902 г. по 1948 г. , был *Англо-Палестинской компанией* (*Anglo-Palestine Company), Еврейское агентство*, занимающееся еврейскими поселениями с 1929 г., называлось *Еврейским агентством для Палестины*, а *Израильский филармонический оркестр* с 1936 г. носил название Палестинский симфонический оркестр?

Иисус-салим

Один из самых «играемых» припевов это что Иерусалим был арабским или палестинским. В стране амнезии упускают из виду, что он никогда не был столицей какого-либо арабского государства, даже тогда, когда Иордания оккупировала его. Наоборот, король Давид Второй сделал его столицей Израиля более трех тысяч лет назад. Вдобавок, от Магомета в Иерусалиме нет и не было даже следа.

Иерусалим упомянут свыше 700 раз в Ветхом завете, а в Коране ни разу; евреи молятся обратив лицо к Иерусалиму, а мусульмане молятся, обратив к Иерусалиму спину. Кто знает почему... В Иерусалиме всегда находились самые святые места иудаизма, а именно Стена Плача в Старом городе – последняя сохранившаяся стена древнего еврейского Храма – и Храмовая гора; более того, евреи жили там постоянно почти два тысячелетия, и с 1840 г. составляют большинство.

Если в газете Daily Tribune (от 15.04.1854 г.) Маркс насчитывал в Иерусалиме 15.500 жителей (в т.ч. 4.000 мусульман и целых 8.000 евреев), в 1876 г. официально числилось двадцать пять тысяч жителей (целых двенадцать тысяч евреев, семь тысяч пять мусульман и пять тысяч пять христиан). В 1905 г. в целом было шестьдесят тысяч жителей, из них сорок тысяч евреев, семь тысяч мусульман и тринадцать тысяч христиан; в 1931 г. общее число было девяносто тысяч (чуть более пятидесяти тысяч евреев, двадцать тысяч мусульман и почти столько же христиан). В 1948 г., перед официальным оформлением Еврейского Государства, всего в Иерусалиме проживало сто шестьдесят пять тысяч населения (сто тысяч евреев, сорок тысяч мусульман и двадцать пять тысяч христиан). Цифры говорят ясно.

Несмотря на это, в июле 2000 г. во время саммита в Кэмп-Дэвиде, Арафат – делая серьезный вид – заявил, что не было никакого Храма евреев, а была только мечеть Аль-Акса. И тогда нужно было бы спросить у него: а исторические воспоминания Иосифа Флавия и Тацита, барельефы Арки Тита, изображающие пленных евреев, несущих на плечах семисвечник, а Менора̀, сегодня являющаяся институционным символом Государства Израиль, это тоже подделки?! Археолог Габриэль Баркай немедленно сделал ему выговор, обвинив его в «еще худшем отрицании, чем отрицание Холокоста». Однако сам Арафат должен был знать, что с 1924 по 1953 г. Высший мусульманский совет ежегодно печатал путеводитель (Краткий путеводитель в Харам аль-Кудс аш-Шариф), в котором подтверждалось, что «его идентичность с местом, где находился Храм Соломона, не подлежит сомнению».

Если этого недостаточно, вот что писал историк, теолог и комментатор Корана Насируддин Абу Саид Абдуллах ибн Умар аль-Байдави «Когда Мухаммед прилетел в Иерусалим, никакой мечети не было»

Историк Аль-Табари вспоминал, что халиф Умар во время завоевания отправился на место, «где римляне похоронили Храм детей Израиля». Но вы доверяете хотя бы муфтию Иерусалима Мухаммаду Амину Хуссейни, чьи антисемистские зверства мы рассмотрим позже? Так вот, он же не возражал против публикации в 1936 г. путеводителя по мечетям, который безусловно утверждал, что Харам аш-Шариф, несомненно, был построен на месте древнего Храма.

Когда в мае 1948 г. Иордания оккупировала Восточный Иерусалим, фактически впервые разделив надвое город и изгнав евреев, то, несмотря на перемирие 1949 г., в особенности на параграф 8 о свободном доступе к святым местам и культурным учреждениям, с тех пор евреям было запрещено ходить к западной стене и кладбищу Елеонской горы. Король Хусейн также оскорбил еврейские религиозные чувства, позволив проложить дорогу к отелю «Интерконтиненталь» через кладбище Елеонской горы, и камни надгробий, напоминавшие о мудрецах и раввинах, были использованы Иорданским арабским инженерным корпусом в качестве полов и туалетов в военных лагерях. К сожалению, до сих пор можно увидеть надписи на камнях. Вдобавок иорданцы поступили еще хуже, разгромив античный еврейский квартал, Старый город и многочисленные синагоги. Наоборот, Израиль после победной войны 1967 г. принял закон об абсолютной религиозной свободе для всех:

«Любой, кто совершает действия, подобные нарушению свободы доступа представителей различных религий к их священным местам, подлежит тюремному заключению на срок до пяти лет».

Доказательством этого является то, что даже самому президенту Анвару Садату разрешили свободно молиться в мечети Аль-Акса. Кроме того, Израиль предоставил каждой конфессии защиту и контроль над своими местами поклонения; например, мечетями на Храмовой горе управляет Вакф (WAQF), орган, который контролирует мусульманское культурное наследие во всем арабском мире. Это не означает, что Израиль также не вносит своего вклада в предотвращение угроз неприкосновенности этих мест: в частности, в 1990 г. верующие Храмовой горы, еврейская экстремистская группа, хотели пройти маршем на Храмовую гору во время Суккота, чтобы заложить краеугольный камень Третьего Храма. Правительство Израиля при поддержке Верховного суда отказало в разрешении на этот марш, который мог задеть также чувства арабов.

Когда Израиль, в результате очередной оборонной войны, возвратил контроль над всем Иерусалимом, арабским жителям была предоставлена возможность выбора стать израильскими или оставаться иорданскими гражданами, сохраняя при этом за собой право голоса. Парадокс заключается в том, что многие арабы не собираются становиться палестинцами. Измаил Хальди, бедуин на службе в израильском дипломатическом корпусе, заявил:

«Я горжусь тем, что я израильтянин, и что, как и другие этнические группы, мы живем в одном из самых межрасовых государств и в единственной демократии на Ближнем Востоке».

В декабре 2021 г. Палестинский сайт Shfa News опубликовал эмблематичный опрос общественного мнения, проведенный среди 1200 палестинцев в Иерусалиме, имеющих израильское удостоверение личности; 93% опрошенных ответили, что хотят продолжать жить в Израиле и что предпочитают, чтобы Иерусалим продолжал управляться еврейским государством. Арабско-израильский журналист Юсеф Хаддад, родившийся в христианской семье в Хайфе и известный своей позицией против Хамаса, немедленно подхватил эту новость в своих социальных сетях, саркастически прокомментировав: «Невероятно, что люди предпочитают продолжать жить в режиме апартеида». Арабско-израильская активистка мусульманского вероисповедания Дема Тайя сказала то же самое по телевидению палестинскому ведущему: «Нет! Израиль не является государством апартеида, и любому, кто так думает, должно быть стыдно. Вы живете в этой стране и пользуетесь всеми преимуществами израильского гражданства». В 2007 г. на конференции в Аннаполисе шли разговоры о разделе города; из 250.000 жителей с 1967 и до 2007 г. подавших заявления на получение гражданства, было всего лишь 12.000, а только за 4 месяца до конференции в Министерство внутренних дел Израиля поступил шквал – 3.000 новых заявлений. Очевидно, из-за страха, что проект перехода под власть Палестины материализуется. А когда задумали перенести границу, чтобы многие жители «перешли» в палестинское государство, израильские арабы этих городов, в частности Умм-эль-Фахма, крупнейшего мусульманского города Израиля, даже написали премьер-министру Ольмерту, чтобы остаться в Израиле, с целью сохранить гражданские, политические права и права человека, а также благополучие, которым они могли бы продолжать наслаждаться на Ближнем Востоке. Шейх Хашам Абед эль-Рахман, мэр Умм-эль-Фахма и глава Форума арабо-еврейских мэров Вади Ара, прямо заявил: «Мы хотим оставаться частью Государства Израиль».

Поднимите руку кто все еще верит, что арабы преследуемы евреями...

• • • •

«Кража» (с оплатой) земель

Кто не помнит знаменитый персонаж Нино Фрассика (монаха Антонино да Скасацца), который придумал соревнование с «выигрышем» даже стереосистемы... «за определенную плату»? Что ж, в интересующей нас истории мы увидим нечто столь же парадоксальное, но, к сожалению, реальное. Давайте пойдем с самого начала, то есть с того момента, когда евреи внедрили то великое нововведение лейбористского правительства, которым был коллективизм в деревне с образованием кибуцев, сельских общин, основанных на абсолютном равенстве между их членами. Это было не что иное, как применение программы Теодора Герцля о коллективистских колониях, которые позволили превратить большое количество еврейских беженцев, которые были торговцами или просто ремесленниками, в настоящих фермеров. Эту систему также хвалили итальянские левые, СССР и весь советский блок. Газета итальянской Коммунистической партии «Единство» (L'Unità), которая уже упоминалась, похвалила это так: «Эфенди, упорные защитники прав арабских землевладельцев, напомнят вам, что между 1922 и 1944 годами число евреев увеличилось с 84.000 до 554.000, но они не скажут вам, что число мусульман увеличилось за тот же период с 589 000 до 1.061.000 благодаря к снижению смертности, главным образом детской, а возросшее плодородие почвы, еврейские мелиорационные работы и возникновение промышленных городов позволили Палестине принять арабов из соседних стран. Феллах, который отправляет своих детей в школу и у которого впервые после столетий бедности появились деньги, является опасным нововведением для все еще средневекового господства».

Полный комплимент. Впоследствии, как мы увидим, в 1951 г. были разорваны отношения между Москвой и Тель-Авивом, а следственно, и с двумя основными левыми партиями Италии. Никто не сможет опровергнуть, что Евреи возродили Галилею в ее библейском великолепии.

Ишув, еврейская община на Земле Израиля основала города (Тель-Авив в 1909 г.) и создала университеты (в 1924 г. Хайфский Технион, в 1925 г. Иерусалимский университет).

Но давайте перейдем к главному, то есть к живучей лжи, согласно которой в период между мировыми войнами евреи «украли» землю у арабов. Вернее напишем, что мы узнаем... Жаль, что на самом деле они приобрели их посредством создания в 1920 г. Керен Ха-Йесод, национального учредительного фонда Израиля, который отвечал именно за сбор средств для покупки земель в Подмандатной Палестине. Ишув купил около 533.000 дунамов, а в тридцатые годы их добавилось еще 300.000, начиная с больших, крупных владений, затем с более мелких, обычно необитаемых и целинных, перепроданных евреям отсутствующими эфенди. Никто ничего не украл, на самом деле им заплатили намного больше рыночной стоимости, поскольку в 1944 г. цены взлетели на 50 раз по сравнению с 1910 г.! Учтите, что евреи приобретали землю у арабских землевладельцев по непомерным ценам (даже 1000–1500 долларов за акр), когда в тот же период богатые земли Айовы (США) продавались примерно по 110 долларов за акр.

Немецкий консул в Иерусалиме Генрих Вольф открыл великую истину: «Днем [арабские землевладельцы] протестуют против еврейской иммиграции, а ночью они продают землю евреям».

Типичное плачь и трахай.

Историк Эли Барнави подтверждает, как большие господа и мелкие феллахи продавали свои земли сионистским организациям по очень высоким ценам, не обращая внимания, разумеется, на вопросы псевдопринадлежности.

«Евреи, – повторила Комиссия Симпсона в 1930 г., – платили очень высокие цены за землю, а часто также платили тем, кто оккупировал эти земли, не владея ими, значительные суммы, которые они не были обязаны платить». Но парадокс из парадоксов заключается в том, что «сторонники» предполагаемого палестинского Холокоста на самом деле увеличили число проживающих здесь арабов (иммигрантов из соседних стран) именно благодаря комфортным условиям жизни, которые они сами создали.

«Арабская иммиграция, – утверждал британский губернатор Синая в 30-х годах, – продолжается не только из Египта, но также из Трансиордании и Сирии, и трудно утверждать, что арабы в Палестине будут вытеснены, если тем временем продолжат прибывать другие». Рост составил более 20%, и в частности, между 1922 и 1944 годами число арабов удвоилось. Кроме того, произошло резкое снижение смертности, особенно детской (которая резко упала с 201 до 94 на тысячу в период с 1925 по 1945 год). Поэтому «нехватка земли, — подчеркнула Комиссия Peel в 1937 г., — вызвана не столько покупками евреями, сколько увеличением арабского населения».” Прямая противоположность тому, о чем болтают антиизраильские мистификаторы. И пусть замолчат пропалестинские катастрофисты, рост был сконцентрирован именно в районах с самой высокой еврейской плотностью; действительно, между 1922 и 1947 годами, например, в Хайфе и Иерусалиме, городах арабов и израильтян, число первых увеличилось соответственно на 290% и на 131%, в то время как, как это ни парадоксально, в арабских городах Наблус и Дженин оно выросло гораздо меньше, то есть на 42% и на 37%.

«Попытка» Холокоста, которая... приводит к противоположному результату. Нечего сказать.

Израиль победитель, один против всех

Но как пришли к формализации Государства Израиль? На Шестом сионистском конгрессе в Базеле 26 августа 1903 г. Герцль представил несколько альтернативных вариантов убежища для евреев, бегущих из

России: Уганда, прибрежная зона Синая в современном Египте, или какая-нибудь провинция Аргентины, или наконец, область Северо-Восточной Австралии. В итоге был выбран всем известный вариант. Проблема заключалась в том, что даже после Холокоста ни одна нация не хотела заботиться об этих полумиллионе евреев (так называемых перемещенных лицах – displaced persons)), как их презрительно определяла бюрократия союзников. Палестина, несмотря на то, что Великобритания и ее Белая книга были в силе даже по окончанию Второй мировой войны, была не выбором, а единственной надеждой. Таким образом, после Холокоста почти 200.000 выживших нашли безопасное убежище в еврейском государстве, созданном, как мы увидим, благодаря двум третям голосов ООН в 1947 г.; а вскоре еще 800.000 евреев укрылись там после изгнания или бегства от преследований из арабских стран.

И это очередная болтовня о том, что Государство Израиль было «компенсацией» евреям после Холокоста; на деле, в мае 1947 г. советский делегат Андрей Громыко решительно защитил этот выбор в ООН:

«Тот факт, что ни одно западноевропейское государство не смогло гарантировать защиту элементарных прав еврейского народа и защитить его от насилия фашистских палачей, объясняет стремление евреев основать собственное государство. Было бы несправедливо не принять это во внимание и отрицать право еврейского народа на реализацию этого стремления».

Вот что позже напишет Пьер Паоло Пазолини в «Nuovi Argomenti» в номере 6 за апрель-июнь 1967 г.:

«...Израиль — государство, рожденное плохо? А какое государство, ныне свободное и суверенное, не родилось плохо? И, кроме того, кто из нас смог бы гарантировать евреям, что на Западе больше не будет нового Гитлера...? Или что евреи смогут и дальше жить в мире в арабских странах? ...И какая помощь оказывается арабскому миру, когда делается вид, что его желание уничтожить Израиль игнорируется?..». Затем писатель обрушился на арабов за «безответственность их фанатичного национализма.

Один Член Палаты лордов с полнейшим невежеством спросил Вейцмана: «Почему вы настаиваете на подмандатной Палестине, когда есть так много развивающихся стран, куда можно поехать?» Ответ был молниеносным: «Зачем Вы едете к матери за двадцать верст, когда вблизи Вашего дома есть столько старых людей, которых можно навестить?»

С другой стороны, есть повторяющийся миф о том, что британцы обещали арабам в переписке между Хусейном и Мак-Махоном независимость в Палестине. Действительно, во время Первой мировой войны Хусейн ибн Али, один из исламских духовных лидеров, с июля 1915 г. начал обмениваться серией писем с сэром Генри МакМахоном, Верховным комиссаром Египта, чтобы выторговать территории, которые были бы уступлены арабам в обмен на вклад, внесенный в войну против турок. Но в переписке, несмотря на весь экстаз, слово Палестина ни разу не упоминается, а потому непонятно, какое обещание британцы не сдержали бы.

Однако верно то, что после поражения Османской империи в Первой мировой войне французы и британцы разделили территорию на зоны влияния. Будучи попечителями бывшей Османской империи, они отдали территорию, не обращая внимания на границы и население, которое там проживало. Кому? Скажем сейчас же: в 1922 г. они буквально придумали эмират Трансиордания, а проще говоря, Иорданию (т. е. всю Палестину к востоку от реки Иордан), подарив ее эмиру Абдалле. А Ирак? В 1926 г. он был передан в руки эмира Фейсала бин Хусейна, сына шерифа Мекки.

По сути, этими действиями Великобритания украла (да!) около 80% мандата на Палестину, принадлежавшего на тот момент евреям. И после этого Израиль обвиняется в том, что он получил бесплатно свое государство!

Как мы увидим, из-за этого бессмысленного решения ООН тогда смогла бы разделить лишь оставшиеся 20% Палестины на два государства. Нужно учесть, что когда в 1950 г. иорданцы аннексировали также западный берег, в конечном итоге арабам принадлежало 80% подмандатной территории, в то время как Государству Израиль принадлежало только 17,5%!

Сейчас проанализируем шаг за шагом хронологию событий, начиная со знаменитой «Декларации Бальфура». Артур Джеймс Бальфур, государственный секретарь по иностранным делам, от имени всего правительства написал 2 ноября 1917 г. знаменитую декларацию, направленную Лорду Ротшильду и, следовательно, Сионистской федерации, в которой пишет о «симпатии к еврейским сионистским устремлениям», обязуясь содействовать «созданию в Палестине национального дома для еврейского народа», естественно, без ущерба правам всего местного (и неместного) населения. По данным Комиссии Peel, назначенной британским правительством, «во время принятия Декларации Бальфура предполагалось, что пространством, на котором должен быть создан еврейский национальный дом, была вся историческая Палестина, включая Трансиорданию».

За этим последовал так называемый «Палестинский мандат», выданный Лигой Наций, который закреплял законное право евреев селиться на территории площадью 10.000 кв. м между рекой Иордан и Средиземным морем в западной Палестине. Он был принят 24 апреля 1920 года на конференции в Сан-Ремо, затем конкретизирован в Севрском договоре и окончательно одобрен единогласно 24 июля 1922 г. Советом Лиги Наций более чем 50 странами. Он устанавливал «исторические связи еврейского народа с Палестиной» и, следовательно, был направлен на «восстановление их национального дома в этой стране»; поэтому всем предлагалось содействовать еврейской иммиграции и поселениям. Здесь также нет и следа слова араб. Более того, этот мандат не следует путать с британским мандатом, согласно которому ответственность за управление территорией, ограниченной «Мандатом для Палестины», была возложена на Соединенное Королевство.

Впоследствии, 18 апреля 1946 г., Лига Наций была заменена Организацией Объединенных Наций, и Великобритания решила передать свою ответственность именно ООН (14 мая 1948 г.). Тем временем, в мае 1947 г. было создано Общество Unscop, Специальный комитет ООН по Палестине, состоящий из одиннадцати членов, перед которыми стояла задача гарантировать нейтральность решений и суждений, принимаемых на месте, и давать оценку предлагаемым действиям. Канада, Чехословакия, Гватемала, Нидерланды, Перу, Швеция и Уругвай поддержали выбор, который сделанный тогда специальным комитетом Генеральной Ассамблеи ООН. Напротив, три страны - Индия, Иран и Югославия - надеялись на создание единого государства, разделенного на арабскую и еврейскую провинции; Австралия воздержалась.

29 ноября 1947 г. Генеральная Ассамблея ООН приняла резолюцию № 181 большинством голосов (33 – за, 13 – против, 10 – воздержавшихся). Фундаментальный вес имели голоса СССР и их государств-сателлитов; для тех, кто продолжает болтать о британской поддержке Израиля, знайте, что Великобритания воздержалась.

Выбор известен: план раздела был решен необдуманно, неоднородно, поскольку даже в еврейских городах было много арабов, которые приехали туда, как уже говорилось, привлеченные благополучием. Евреи получили земли в северной части страны, в Галилее, и обширную, но засушливую пустыню Негев на юге. Арабскому государству досталась бы вся оставшаяся часть, т.е. прибрежная полоса от Рафаха до Газы, северная Галилея и значительная часть внутренних районов (включая города Наблус, Хеврон и Беэр-Шеву). Было решено, что Иерусалим должен управляться как международная зона, также из-за давления - неизбежного - со стороны Ватикана, нанеся этим серьезный ущерб более чем 100.000 проживающих там евреев, опасно окруженных арабским государством.

Если мы оценим детально последствия Резолюции № 181, мы с удивлением обнаружим, что еврейское государство оказалось с населением около 500.000 евреев и немного меньшим количеством арабов; арабское государство, наоборот, насчитывало на невероятное большинство (около 750.000 арабов против 10.000 евреев). В результате подавляющее большинство населения Палестины составляли арабы. Добавьте к этому, что Белая книга не позволяла евреям стать большинством, поскольку, как мы уже видели, им была запрещена иммиграция.

Одна из самых повторяющихся небылиц заключается в том, что ООН отдала всю плодородную землю евреям; для незнакомых с географией и геологией отметим, что целых 60% территории еврейского государства занимает засушливая пустыня Негев. Если мы сегодня посмотрим на карту Израиля, это как почтовая марка по сравнению с огромными арабскими государствами. Честно говоря, он представляет собой лишь 2% территории Ближнего Востока, т.е. небольшой участок земли и, – повторяем, более половины его занимает пустыня – что составляет 60% из 22%, или примерно 13% территории, обещанной в 1917 году Декларацией Бальфура, обязательство, возобновленное Лигой Наций на конференции в Сан-Ремо, впоследствии подтвержденное и вступившее в силу в сентябре 1923 года.

Слишком мало, чтобы считать Израиль «империалистическим», вам не кажется?

. . . .

Израильский Давид против арабского Голиафа

Те, кто ломится в открытую дверь и занимается альпинизмом на спуске, десятилетиями говорили нам, что антиизраильская ненависть родилась из-за раздела ООН и после предполагаемого «отнятия» земель у арабов; давайте, как обычно, проверим факты.

В период между 1770 и 1786 г.г., то есть почти на два века раньше, евреи были изгнаны из Джидды, Саудовская Аравия, и нашли убежище в Йемене; в 1790 г. в Тетуане в Северном Марокко они подверглись опустошительному погрому; другие погромы произошли в 1828 г. в Багдаде, в 1834 г. в Цфате, в 1839 г. в Мешеде (Иран) и в 1840 г. в Дамаске. В частности, между 1929 и 1935 годами, произошли массовые убийства евреев в комплексе Наби Муса в Хевроне, по одобрению и желанию Великого муфтия Иерусалима. Так называемые братья-мусульмане объявили тотальную священную войну евреям вплоть до унизительного статуса зимми (dhimmi). Как явствует, преследование евреев во многом предшествует разделу ООН.

Правда в том, что на эту резолюцию египетские, сирийские, иракские, иорданские, ливанские войска – вместе с ливийскими, йеменскими и саудовскими добровольцами – 14 мая 1948 г. ответили фактически объявлением войны в одностороннем порядке; следовательно, если сегодня не существует Государства Палестина, то это вина тех, кто отказался от раздела, взяв в руки оружие. Более того, Джамал аль-Хусейни угрожал в Совете Безопасности еще 16 апреля 1948 года:

«Представители Еврейского агентства вчера сказали нам, что это не они напали, а что боевые действия начали арабы. Мы этого не отрицаем. Мы сказали всему миру, что готовы сражаться».

Аззам Паша, генеральный секретарь Лиги арабских государств, бросил вызов и предупредил: «Это будет война на истребление и колоссальная резня, о которой будут говорить так же, как о резне монголов и крестовых походах».

Советский делегат Андрей Громыко в Совете Безопасности 29 мая 1948 г. возмущенно протестовал: «Это не впервые, что арабские государства, организовавшие вторжение в Палестину, игнорируют решение Совета Безопасности или Генеральной Ассамблеи.»

Когда началась атака, Израиль был подобен Давиду против Голиафа; в Иерусалиме была только одна пушка на колесах, старые пулеметы, гранаты и бутылки с зажигательной смесью, тогда как арабы могли похвастаться танками и артиллерией; тем не менее первый истребитель прибыл в Израиль всего через две недели после начала войны. Самодельных бронеавтомобилей было всего несколько, они представляли собой не что иное, как гражданские машины, оснащенные импровизированной броней и скудным вооружением. Военно-воздушные силы, имевшие всего девять устаревших самолетов, находились наверное в еще худшем положении; даже запасы боеприпасов были весьма ограничены. В ообщем, у ишува не было настоящей армии; Хагана (35.000 бойцов) и Иргун (около 3.000) действовали отдельно, потом Лехи (около 400), Пальмах, ГАДНА и так называемая «гарнизонная армия», состоящая из гражданских лиц, стариков и женщин, у которых была задача защищать свои территории; последние вносили свой вклад, просто ударяя по кастрюлям черпаками или кусками железа, пытаясь напугать арабов громким шумом.

Таким образом, победа была настоящим чудом, поскольку численность и вооружение были невероятно непропорциональны; не считая, что арабские территории в 80 раз больше и в 20 раз более населены, чем Израиль. Толчком послужил тот факт, что, в отличие от израильтян, среднестатистического жителя арабской деревни часто вообще не интересовала так называемая «независимость» Нации, поскольку, как известно, они эгоистично думали более о семейной ячейке, не говоря уже о существующем соперничестве между деревнями, кланами и регионами (например, между кланами Хусайни и Нашашиби). Не говоря уже о тех, кто встал на сторону евреев посредством шпионажа или в бою; это объясняет, почему арабских добровольцев было так мало (около 5.000).

В отеле «Роз» на острове Родос 20 июля 1949 г. были заключены соглашения о перемирии, декретировавшие де-факто состояние невоенного положения, но без официального оформления — вопреки общепринятому мнению — какой-либо законной международной границы; это то, что будет называться Зеленой линией. Были созданы также четыре смешанные комиссии по перемирию (СКП), подконтрольные ООН. Последовали отдельные акты перемирия между Израилем и Египтом 24 февраля, с Ливаном 23 марта, с Трансиорданией 3 апреля и 20 июля 1949 г. с Сирией. Египет обосновался на полосе, впоследствии называемой сектор Газа, а на Западный берег вошла Трансиордания. Незаконно.

Исключительно по вине арабов, объявивших войну, в итоге Израиль получил 78% территории Подмандатной Палестины, т.е. на 50% больше, чем было предусмотрено планом ООН по разделу.

• • • •

1956 г.: Арабы пытаются еще раз

Не удовлетворившись первым поражением, которое искали и нашли во время первой агрессивной войны против Израиля, в 1956 г. арабы возобновили наступление. Тем временем СССР перешел на другую сторону, поскольку в 1953 г. вспыхнул так называемый «заговор врачей» – почти все евреи, – обвиняемых в желании убить Сталина; жалкая выдумка, чтобы оправдать поддержку арабских стран, таких как Сирия и Египет, против Израиля.

Сначала египтяне «использовали» отказ американского Всемирного банка предоставить кредит для финансирования строительства Асуанской плотины; в ответ в июле 1956 г. Насер объявил, что Международная компания Суэцкого канала будет национализирована именно для финансирования строительства Асуанской плотины. 9 августа 1949 г. Смешанная комиссия по перемирию, получив жалобу Израиля, объявила блокаду канала незаконной; 1 сентября 1951 г. Совет Безопасности ООН тщетно приказал Египту открыть Суэцкий канал для израильских кораблей. Чтобы понять, кого следует винить в новой войне, министр иностранных дел Египта Мухаммад Салах аль-Дин заявил открытыми словами в начале 1954 года: «Арабский народ без колебаний заявляет:

«Нас удовлетворит только полное исчезновение Израиля с карты Ближнего Востока».

С этой целью в 1955 г. президент Египта Гамаль Абдель Насер попросил СССР прислать ему оружие, необходимое для нападения. 31 августа 1955 г. он вновь заявил: «...Не будет мира на израильской границе... месть — это смерть Израиля».

Начало арабскому терроризму было положено с так называемых федаинов, которые осуществляли на границе Израиля постоянные диверсии и убийства, фактически нарушая оговоренный в перемирии запрет на начало боевых действий с военизированными формированиями. После блокады канала последовали блокада Тиранского пролива, залива Акаба и, как было объявлено, в июле 1956 г. Суэцкий канал был национализирован. 14 октября 1956 г. Насер еще раз дал понять, кто хочет войны: «Наша ненависть очень сильна. Нет смысла говорить о мире с Израилем. Для переговоров абсолютно нет места».

Следуя этим словам 25 октября Египет договорился с Сирией и Иорданией поручить Нассеру подготовить совместное нападение.

Что бы сделала постоянно провоцируемая нация? Защищалась бы, и именно это сделал Израиль при помощи Великобритании и Франции 29 октября 1956 г. Как в уже просмотренном фильме (и который мы увидим опять), тот, кто хотел начать войну, провоцировал и угрожал в течение многих лет, тот потерял дополнительные территории, а именно сектор Газа, большую часть Синая и Шарм-эль-Шейх.

Израиль виноват?

• • • •

Шесть дней новой агрессии

Может быть, это Израиль хотел так называемую *Шестидневную войну*? Нет, это опять арабы спровоцировали начало боевых действий, скорее всего, по советскому наущению. Фактически, двумя днями до того, согласно сообщению Моше Даяна, тогдашнего нового министра обороны, именно офицер советской разведки в Каире предупредил о том, что Израиль концентрирует крупные бронетанковые соединения вдоль северной границы для нападения на Сирию. По другим источникам, 13 мая 1967 г. президент СССР Николай Подгорный лично сообщил это по секрету Анвару Садату, помощнику Насера, находящемуся в Москве с визитом. Кажется, он даже уточнил, что это было сосредоточение «одиннадцати-тринадцати бригад» и что ЦАХАЛ нападет на Сирию «17 мая». По этой причине в тот же день министр обороны Сирии Хафез аль-Асад встревожился и обратился за помощью к своему египетскому коллеге Абдель Хакиму Амеру; в результате начальник штаба Египта Мухаммад Фаузи вылетел на самолете в Дамаск. Позже он признался: *«Я не нашел никаких конкретных данных, подтверждающих полученную информацию. Наоборот, аэрофотоснимки, сделанные сирийскими самолетами-разведчиками, не выявили никакого перемещения подразделений [израильских – прим. автора] с их обычного расположения».*

Согласно мемуарам Фаузи, Амир не ответил, когда 15 мая Фаузи сказал ему, что беспокоиться не о чем.

«Поэтому я убедился, что с его точки зрения слухи о сосредоточении войск не были основной причиной мобилизации и переброски частей, о которых он так настоятельно просил». Практически, как признал офицер египетского генерального штаба генерал Абд аль-Гани аль-Гамаси, это Амир (вероятно, под давлением Насера) хотел лишь отомстить за 1956 г. Чтобы продемонстрировать абсолютную добросовестность Израиля, в середине мая 1967 г. Эшколь попросил советского посла в Тель-Авиве Дмитрия Чувахина лично убедиться в том, что подозрения были ложными, но Чувахин, как ни странно, отказался, бессовестно ответив Моше Снеху: *«Ну кто пойдет воевать? Бармены из кафетерия Экспрессо или сутенеры с улицы Дизенгоф [главный проспект с магазинами в Тель Авиве – прим. автора]?»*

14 мая даже генеральный секретарь Организации Объединенных Наций бирманец У Тан сообщил Совету Безопасности в Нью-Йорке, что наблюдатели в этом районе отрицают какое-либо массовое скопление войск. На следующий день в том же духе высказался глава организации ООН по наблюдению за перемирием норвежский генерал Одд Булл.

16 мая 1967 г. Радио Каира снова начало провоцировать: *«Существование Израиля длилось слишком долго. Настал час битвы, в которой мы уничтожим Израиль»;* оно также потребовало вывода войск ООН из сектора Газа и Шарм-эль-Шейха. 19 мая, к несчастью, они

покинули гарнизон, и в тот же день Радио Каира возобновило работу: *«Это наш шанс, арабы, чтобы нанести смертельный удар уничтожения по Израилю…»*.

23 мая – это реплика предыдущих эпизодов, египетский президент Гамаль Абдель Насер приказывает заблокировать Тиранский пролив израильским кораблям, чтобы нанести ущерб процветающей торговле Израиля с Азией и Восточной Африкой; Израиль, естественно, указал, что – согласно закону – это является военной акцией. 27 мая Насер еще раз изложил свои цели: *«Наша главная цель — уничтожение Израиля».* 30 мая, в пользу короля Иордании Хусейна были предоставлены египетские, иракские и саудовские войска. 1 июня иракский лидер заявил, что цель состоит в том, чтобы *«стереть Израиль с карты мира».* Министерство иностранных дел Израиля через ответственного ООН за надзор за перемирием, направило Хусейну срочное послание держаться подальше от войны с гарантией, что он не подвергнется нападению; однако мы знаем, что он решил – злонамеренно – сделать совершенно другое, и годы спустя он признал, что это была одна из самых больших ошибок, которые он совершил.

5 июня Израиль, окруженный и находящийся под угрозой, с несравненно меньшим числом и вооружением, предпринял упреждающую атаку, ставшую прелюдией к так называемой операции «Фокус», или крупномасштабной внезапной воздушной атаке. И чем это закончилось? Хуже, чем в 1956 году: Сирия потеряла Голанские высоты, Египет — сектор Газа и Синайский полуостров до Суэца, Иордания — весь Западный Берег (так называемый *West Bank*).

Всего этого не было бы — ictu oculi — без арабской «империалистической» войны.

Кнессет, израильский парламент, не мог сделать ничего, кроме принятия решения о расширении государства на Восточный Иерусалим и Стену Плача, Котель. Израиль, еще раз продемонстрировав свою добрую волю, сначала хотел проверить, возможно ли достичь мира путем уступки территорий; с этой целью, вместо аннексии Западного берега, он создал военную администрацию. В 1972 г. на Западном Берегу прошли выборы, на которых впервые также смогли голосовать женщины и неимущие люди. Арабам Восточного Иерусалима была предоставлена возможность сохранить иорданское или получить израильское гражданство; наконец, мусульманские святые места, как и предполагалось, были переданы под управление Мусульманского совета.

С другой стороны, побежденные, наоборот, в августе 1967 г. в Хартуме не смогли сделать ничего, как самонадеянно принять знаменитые «Три нет»: нет миру с Израилем, нет переговорам с Израилем, нет признанию Израиля и признанию прав палестинского народа в его – предполагаемой – стране. Счастливы они, счастливы все! Израиль, сам того не желая и не прося, увеличил территорию, находящуюся под его контролем, в четыре раза всего за шесть дней.

Не лучше было бы, если бы арабы в очередной раз не захотели, не спровоцировали и не проиграли войну?

· · · ·

«Трения» (нового) поражения

Несмотря на постоянное получение по голове, египтяне продолжали вести войну и после 1967 г. (вплоть до 1970 г.), менее бессмысленными и бесстыдными способами, несмотря на попытки ООН привести обе стороны к дипломатическому соглашению. Для президента Насера было ясно, что *то, что было взято силой, должно быть восстановлено силой*.

И снова, несмотря на очередную массированную помощь оружием со стороны СССР, Египту не удалось ничего, несмотря на идею конфликта низкой интенсивности, так называемую *войну на истощение*, то есть периодические обстрелы наиболее передовых позиций ЦАХАЛа и такое же количество единичных коммандных действий с другой стороны канала. В 1970 г. война прекратилась, установив границы точно такими, какими они были раньше.

Много шума из ничего.

· · · ·

Война даже во время праздников

Вы думаете, что теперь они сдались, не так ли? Как бы не так! Египет и Сирия (при поддержке как минимум девяти арабских государств, а именно Алжира, Судана, Марокко, Иордании, Ливана, Ирака, Саудовской

Аравии, Кувейта и Ливии) предприняли новую попытку, напав еще раз, 6 октября 1973 г., в Йом Кипур, самый священный праздник еврейского календаря, по случаю которого приостанавливается вся государственная деятельность.

Вынужденный обороняться в течение первых двух дней боев, Израиль нашел энергию из своих резервов и в конечном итоге снова одержал победу. Излишне говорить, что СССР поддерживал арабский фронт в плане военного снабжения, бойкотируя до определенного момента, любые попытки положить конец войне дипломатическим путем. 22 октября Совет Безопасности ООН разработал резолюцию № 338, которая, как мы увидим, предписывала прекращение огня с обеих сторон; по совпадению, однако, за нее проголосовали именно тогда, когда израильская армия окружила Третью египетскую армию, которая уже была на грани капитуляции...

А правда ли, что пленных арабских солдат пытали евреи? Ложь. Хью Бейкер, представитель Amnesty International, признал: «С ними обращаются хорошо... кажется, им оказывается самая лучшая медицинская помощь». Верно обратное; Израильские солдаты, захваченные сирийскими и египетскими войсками, подвергались пыткам и были убиты, что является явным нарушением Женевской конвенции о военнопленных. Согласно двум отчетам, направленным израильским правительством в Международный Красный Крест (8 декабря 1973 г. и 9 декабря 1973 г.), израильские солдаты обнаруживали жертв, своих однополчан, со связанными руками и ногами, часто с выколотыми глазами, ожогами и явными признаками сексуального насилия.

27 октября 1973 г. произошло прекращение огня еще одной бесполезной войны, в очередной раз спровоцированной врагами Израиля.

• • • •

Ливан 1982 год. (Не)израильская резня

Одним из слухов, который разносится повсюду, является слух о так называемой «израильской резне» в Ливане. Необходимо рассказать предысторию: в марте 1978 г. террористы ООП (во время так называемой «Операции Литани») проникли в Израиль и захватили автобус: погибло 34 заложника. Естественно, как возмездие, израильские войска вошли в Ливан и разгромили террористов в южной части страны.

Проведя необходимые ответные действия, Цахал покинул Ливан всего через два месяца, в апреле 1982 г., в соответствии с резолюцией 425/1978 Совета Безопасности ООН. Оглядываясь назад, это был плохой выбор, потому что террористы спокойно вернулись в Ливан, и с тех пор ООП сделала жизнь на севере Израиля еще более невыносимой. На деле, они практически безостановочно бомбили израильские города, рассчитывая на широкий спектр зенитных позиций, сотни танков Т-34, обширный арсенал минометов, ракет «Катюши» и 17 тысяч человек, из которых около 6 тысяч были наемниками из Ливии. Ирак, Индия, Шри-Ланка, Чад и Мозамбик; а Сирия помогала ООП ракетами класса «земля-воздух».

Следует добавить, что ситуация в Ливане и на политическом уровне также была очень сложной из-за кровопролитной гражданской войны, продолжавшейся до 1989 г.. С одной стороны, фалангистское и ультраконсервативное движение, поддерживаемое христианами-маронитами, бывшее в глубоких разногласиях с палестинскими боевиками (в т. ч. мусульманами-суннитами, шиитами и друзами), находившимися там после их изгнания из Иордании за события «Черного сентября». 3 июня 1982 г. посол Израиля в Лондоне Шломо Аргов был ранен; в очередной раз спровоцированный Израиль был вынужден отреагировать, начав трехдневную операцию (так называемую «Операцию мира в Галилее»), чтобы оттеснить федаинов к северу от линии реки Литани; в конце концов Цахал полностью разместил гарнизон в Ливане от юга до центра. 14 июня район недалеко от Бейрута, где базировалась ООП, был взят в осаду на девять недель. Однако по вине мультинациональных вооруженных сил около 15.000 ополченцев ООП смогли удрать из окружения в Тунис и Йемен.

Когда был избран президентом христианин Башир Жмайель, союзник Израиля, он был убит еще до того, как официально вступил в должность 14 сентября. Очередная провокация заставила Израиль начать размещение гарнизонов в западных кварталах Бейрута, изгоняя оттуда палестино-сирийцев.

И вот центральный момент; фалангисты - а не израильтяне, как говорят, - вошли в поисках террористов в лагеря беженцев Сабра и Шатила (над которыми Цахал имел только надзор) и в период с 16 по 18 сентября они убили также мирных жителей (в гипотетическом диапазоне от 450 до 3500 человек). Это был несчастный поступок? Абсолютно да, но, как видно, это не было совершено израильтянами. По чисто моральным соображениям, а также из-за ошибки в коммуникации правительство Бегина ушло в отставку в феврале 1983 г. по окончании работы следственной комиссии Кахана, находящейся в Иерусалиме.

Фактически с 17 мая 1983 г. Израиль начал вывод войск с юга страны, оставив лишь оборонительный буфер; в 1985 г. эта зона безопасности будет сокращаться еще, вплоть до 24 мая 2000 г., когда, после 22 лет присутствия, Израиль вывел весь свой военный контингент. Сумасшедшее решение; Хезболла на международной границе воспользовалась возможностью атаковать деревни на севере Израиля и снова провоцировать.

Выбор доброй воли, сделанный Израилем, снова приведет к неприятным последствиям.

Ливан 2006 год: (повторная) утеря

Ливанский вопрос еще раз возникнет, снова не по вине Израиля. Оживленная благодаря сирийским и иранским пожертвованиям, *«Хезболла», «партия Бога»* в Южном Ливане, со временем укрепилась именно, когда Израиль ушел, выполняя резолюцию № 425. Итак, *«Хезболла»* накопила тысячи тонн оружия в гражданских районах, в *бункерах* и на укреплённых базах; таким образом, были обеспечены бесконечные террористические вторжения на границе Северного Израиля с целью убийства и похищения, в период с октября 2000 по 2006 г., не только израильских солдат, но и мирных жителей. Израиль ответил атаками на военные объекты *«Хезболлы»*. Последние, чтобы все больше провоцировать, также начали непрерывно запускать ракеты, которые достигли даже Хайфы.

Именно тогда события вынудили премьер-министра Эхуда Ольмерта решительно атаковать 22 июля, с так называемой операцией *«Смена направления»*. 14 августа, после 34 дней войны, было принято решение о прекращении огня, поддержанное ООН и усовершенствованное заключительными актами 8 сентября 2006 г..

Резолюция ООН от 11 августа 2006 г. № 1701 требовала от ливанского государства обеспечить безопасность своих границ и, таким образом, не допустить, чтобы кто-либо тайно ввозил через них оружие. С этой целью в мае 2007 г. Генеральный секретарь ООН Пан Ги Мун учредил *Независимую группу по оценке границ Ливана (LIBAT)* — орган для оценки соблюдения резолюции. Излишне говорить, что комиссия убедилась, что Ливан был не чем иным, как страной масла, куда можно было проникнуть отовсюду, впуская ракеты и террористов всех видов, также из-за широко распространенной коррупции среди пограничной полиции вдоль сирийско-ливанской границы. По сути, Израиль снова оказался под нависающей угрозой по вине другой стороны из-за огромного количества оружия (особенно ракет, способных долететь до Тель-Авива и южного Израиля), контрабандно ввезенного из Сирии и из Ирана.

Есть ли еще кто-нибудь, у кого хватит смелости обвинить Израиль в предполагаемых невыполнениях резолюций ООН?!

Глава 2 – Палестинцы беженцы по вине... арабов

Горячие улики о «миграции» беженцев

Россказни о том, что проблема знаменитых палестинских беженцев это вина Израиля, достойны болтовни в баре, дебатов в междугороднем вагоне или разговоров у бильярдного стола; оставим в стороне тот факт, что о еврейских беженцах почти никто не говорит, но и такие есть...

После раздела ООН 1947 г. насчитывалось 700 тысяч еврейских беженцев (по некоторым оценкам, почти 900.000); 265.000 евреев бежали из Марокко (сегодня их 2.150), 105.000 из Туниса (сегодня 1.050), 63.000 из Йемена и Адена (сегодня менее 50). Добавим другие данные, чтобы сделать два общих расчета: в 1948 г. в Ливии было 38.000 евреев, сегодня их нет; в Ираке 135.000, сегодня 1, в Алжире 140.000, сегодня около 50; в Египте 75.000, сегодня около 100; в Ливане их было 5.000, сегодня меньше 100, в Сирии их было 30.000, сейчас 100

Подведя итоги, из 851.000 евреев в арабских странах сейчас осталось только 3.330!

Единственным выходом для еврейских беженцев, тех, забытых, было только то подлинное чудо, творцом которого был Израиль, заслуженно создавший существовавшие до конца 50-х годов так называемые Ма'абарот, или «транзитные лагеря» , 125 приемных пунктов в виде палаток. С 1955 г. размещение и интеграция были найдены для всех либо в уже существующих городах, либо во вновь основанных. Вот лишь несколько примеров: такие лагеря, как Кирьят-Шмона, Сдерот, Бейт-Шеан, Йокнеам, Ор-Йегуда, Нагария и Мигдаль ха-Эмек превратились в настоящие городские поселки. В конечном итоге между 1948 и 1972 годами из 820.000 еврейских беженцев 586.000 нашли убежище в Израиле. Арабы не только не помогли им, но и конфисковали их имущество.

А сколько было арабских беженцев? Среднепринятое число составляет около 700.000 человек (израильтяне полагают, что их было чуть более 500.000, а палестинцы – что их число дошло до миллиона). Они поселились в основном на Западном Берегу и в секторе Газа, а также в Трансиордании, Сирии и Ливане; немного в Египте, Ираке и других арабских государствах.

Однако главная антиизраильская история, достойная награды века, заключается в том, что ответственность за этот побег до, во время и после войны возложена на израильтян; развенчаем эту ложь.

В конце января 1948 г. Высший национальный комитет палестинских арабов (ВАК), или фактическое «правительство» палестинских арабов, приказал соседним странам отказать в визах беженцам и закрыть границы. А Арабский национальный комитет в Иерусалиме приказал женщинам, детям и пожилым людям покинуть свои дома: «Любое неподчинение этому приказу... является препятствием для священной войны... и нанесет ущерб действиям сражающихся в этих районах».

Один из лидеров Высшего комитета в Хайфе Хадж Нимер эль-Хатиб заявил, что арабские солдаты в Яффо «грабили людей и дома. Жизнь стоила очень немного, а честь женщины была осквернена. Такое положение дел заставило многих жителей (арабов – прим. автора) покинуть город под защитой британских танков».

Генеральный консул США в Хайфе Обри Липпинкотт написал 22 апреля 1948 г.: «Местные арабские лидеры, подчиненные муфтию, приказывали всем арабам покинуть город, и многие так и сделали». А «The Economist», известный и зачастую антисионистский орган, был вынужден признать 2 октября 1948 г.:

«Из 62 000 арабов, когда-то живших в Хайфе, осталось не более 5.000 или 6.000... самым мощным фактором было объявление по радио Высшего арабского комитета, приказывающего арабам уйти... Было ясно указано, что с арабами, оставшимися в Хайфе и принявшими еврейскую защиту, будут обращаться как с ренегатами».

Каирская газета «Ахбар эль-йом» от 12 октября 1963 г. описала произошедшие тогда события:

«Наступило 15 мая 1948 г... в тот же день муфтий Иерусалима обратился к арабам Палестины с призывом покинуть страну, поскольку на их место вот-вот должны были войти арабские армии...». Халед аль-Азем, премьер-министр Сирии в 1948-1949 годах, в своих мемуарах всегда обвинял арабских лидеров: «...Это мы побудили их уйти».

Эмиль Гури, секретарь Высшего палестинско-арабского комитета, в интервью еженедельнику «Beirut Telegraph» 6 сентября 1948 г. признал:

«Тот факт, что существуют эти беженцы, является прямым следствием действий арабских государств против разделения и против еврейского государства. Арабские государства единогласно согласились с этой политикой и теперь должны участвовать в решении проблемы». И если еще остались сомнения, то 19 февраля 1949 г. иорданская газета Фаластин заявила:

«Арабские государства, которые поощрили арабов Палестины временно покинуть свои дома, чтобы не быть под огнем вторгшихся арабских армий, не сдержали свое обещание помочь этим беженцам». Отчет британской разведки добавляет еще один фрагмент:

«После того, как евреи получили контроль над городом, многие не выполнили бы требование о полной эвакуации, если бы не слухи и пропаганда, распространяемые членами Национального комитета, оставшимися в городе... эффективный акт пропаганды, с его скрытой угрозой возмездия, как только арабы отвоевали бы город, и утверждая, что те, кто остался в Хайфе, молчаливо признали, что верят в принципы еврейского государства».

В яфской Ash-Sha'ab от 30 января 1948 г. читаем: «Первую группу нашей пятой колонны составляют те, кто покидает свои дома... При первых признаках беды они берут ноги в руки и убегают, чтобы расколоть фронт борьбы». Газета Яффо «Ас-Сарих» от 30 марта 1948 г. подтвердила: «...они покрыли нас всех позором... оставив свои деревни». Журнал «Time Magazine» от 3 мая 1948 г. вновь подтвердил: «Массовая эвакуация, вызванная частично страхом, частично приказами арабских лидеров, превратила арабский квартал Хайфы в город-призрак... Увозя арабских рабочих, их лидеры надеялись парализовать Хайфу.».

Радио Ближнего Востока Кипра добавило 3 апреля 1948 г.: «Не следует забывать, что арабское верховное командование поощряло арабов бежать из своих домов в Яффо, Хайфе и Иерусалиме и что некоторые арабские лидеры пытались получить политическую выгоду из жалкого положения беглецов». Однако сэр Джон Траутбек из британского ближневосточного офиса в Каире сообщил начальству, что беженцы (в секторе Газа) не выказывали горечи по отношению к евреям, а, скорее, питали сильную ненависть к египтянам:

«Они говорят: «Мы знаем, кто наши враги (имея в виду египтян)», и заявляют, что их арабские братья уговорили их покинуть свои дома без причины... Я также слышал, что многие из беженцев приветствовали бы израильтян, если бы они вошли и взяли округ...». Но на этом не заканчивается, если мы просмотрим также ливанскую газету «Аль Хода» из Нью-Йорка от 8 июня 1951 г.:

«...Братский совет, данный арабам Палестины, состоял в том, чтобы они оставили свои земли, дома и имущество и временно расположились у границ братских государств, оставляя место вторгшимся арабским армиям».

Бейрутский исламский еженедельник «Куль-Шай» высказался еще резче:

«Кто привез в Ливан палестинцев в качестве беженцев, страдающих теперь из-за плохого отношения газет и местных лидеров без стыда и совести? Кто толкнул их прямиком в жестокую хватку, без гроша в кармане, после того как они потеряли достоинство? Это были арабские государства...».

С другой стороны, именно премьер-министр Ирака Нури Саид публично предупредил: «Мы уничтожим страну нашим оружием и сотрем все места, где евреи будут искать убежища. Арабы должны увезти своих жен и детей в безопасные районы, пока не прекратятся боевые действия».

Мы имеем также дальнейшие подтверждения в иорданской газете «Аль-Урдун» от 9 апреля 1953 г.:

«Исход арабов... был вызван не самой битвой, а распространением арабскими лидерами преувеличенных слухов, чтобы подстрекать их к борьбе против евреев... они вселяли страх и ужас в сердца арабов в Палестине, пока они не покинули их дома и имущество врагу».

Эдвард Атия, секретарь офиса Лиги арабских государств в Лондоне, резюмировал в своей книге «Арабы»:

«Массовый исход был отчасти вызван убеждением арабов, поощренных напыщенностью нереалистичной прессы и безответственными высказываниями некоторых арабских лидеров, что это может быть лишь вопросом нескольких недель, прежде чем евреи будут побеждены армиями арабских государств и палестинские арабы смогут вернуться и вновь овладеть своей страной».

В «Ньюсуик» от 20 января 1963 г. в очередной раз подчеркивается: «Израильтяне утверждают, что арабские государства поощряли палестинцев бежать. И действительно, арабы, еще живущие в Израиле, помнят, как арабские военные командиры, желая разбомбить город, просили их эвакуироваться из Хайфы».

Каирская газета «Ахбар эль-Йом» от 12 октября 1963 г. уточнила:

«Наступило 15 мая 1948 г... в этот день муфтии Иерусалима обратились к арабам Палестины с призывом покинуть страну, поскольку арабские армии почти собирались войти и сражаться вместо них».

Перечисляя причины арабской неудачи 1948 г., Халед аль-Азм, премьер-министр Сирии после войны 1948 г., в опубликованной в 1973 г. монографии, отметит, что

«...С 1948 г. мы требовали возвращения беженцев, но это именно мы заставили их уйти. Мы навлекли катастрофу на миллион арабских беженцев, подталкивая их и давя на них, чтобы они покинули страну. Мы приучили их попрошайничать... мы участвовали в понижении их морального и социального уровня... И мы всегда пользовались ими, чтобы совершать преступления и убийства, поджоги и забрасывание камнями мужчин, женщин и детей... все это ради политических целей...».

Даже сам Махмуд Аббас – да, он – в марте 1976 г. написал статью для Falastin al-Thawra, официального дневника ООП в Бейруте:

«Арабские армии вошли в Палестину, чтобы защитить палестинцев от сионистской тирании, но вместо этого бросили их, вынудили их эмигрировать и покинуть свою родину, наложили на них политическое и идеологическое бремя и бросили их в заключение, аналогичное гетто, в которых жили евреи Восточной Европы."

А вот послушайте, что рассказал король Иордании Хусейн совсем недавно, в 1996 г.:

«С 1948 г. арабские лидеры безответственно подошли к палестинской проблеме. Они использовали палестинский народ в политических целях; это смешно, я бы даже сказал, преступно...». Но по крайней мере, правда, что евреи насильно убеждали арабов уйти? Отнюдь нет! Показательны эти фразы, взятые из Меморандума Арабского национального комитета

Хайфы правительствам Лиги арабских государств в 1950 г.: «...(Израильские) военные и гражданские власти выразили глубокое сожаление по поводу этого серьёзного решения (принятого арабскими военными делегатами в Хайфе и командованием Арабо-палестинского высшего комитета об эвакуации Хайфы, несмотря на предложение Израиля о перемирии). Еврейский мэр Хайфы обратился к делегации (арабских военачальников) с искренним призывом пересмотреть свое решение».

И опять же, из отчета британской полиции Хайфского округа от 26 апреля 1948 г. мы делаем вывод: «Евреи прилагают все усилия, чтобы убедить арабский народ остаться и продолжать нормальную жизнь, оставить свои магазины и предприятия открытыми, в уверенности, что их жизнь и интересы останутся в безопасности». Доказательством тому является Давид Бен-Гурион, который послал Голду Меир в Хайфу, чтобы убедить их остаться, но они не захотели этого сделать, чтобы не быть обвиненными, как им угрожали, в предательстве. В любом случае, все арабы, за исключением 5000 или 6000 человек, бежали из Хайфы.

Как же так, почему профессионалы в области «палестинизма» или «беженства» вам не рассказывают вышеизложенного?

Израильский историк Бенни Моррис, который, можно сказать, используя эвфемизм, «никогда не был мягок» по отношению к Израилю, признался в The Guardian 21 февраля 2002 г.: «Проблема [беженцев – прим. автора] была прямым следствием войны, которую начали палестинцы – и... .соседние арабские страны».

Но куда они бежали? Из примерно 700.000 беженцев около 350.000 нашли убежище в Иордании, 200.000 - в секторе Газа, 100.000 - в Ливане и более 60.000 - в Сирии. Около половины из них нашли приют в городах и деревнях, остальные – в убогих лагерях беженцев. В Тверии и Хайфе Хагана издала приказ не трогать ни одну собственность арабов под страхом очень сурового наказания.

Впоследствии постановлением был назначен Администратор заброшенной собственности, «для предотвращения незаконного занятия пустующих домов и коммерческих помещений, управления бесхозной собственностью, а также обеспечения обработки заброшенных полей и спасения урожая».

В дополнение к этому - почти тут же - Израиль разрешил беженцам, которые этого хотели, вернуться и разблокировать свои замороженные счета в израильских банках, а также получить компенсацию за заброшенные земли; он также дал понять, что готов репатриировать 100.000 беженцев, включая тех, кто уже сделал это или делает это, если арабские государства примут остальных и заключат мирные соглашения. В качестве альтернативы Израиль был готов взять на себя управление сектором Газа вместе с его 60.000 жителями и плюс 200.000 беженцев. Бесполезно говорить, естественно, арабы отказались от каких-либо компромиссов, но, демонстрируя еще раз свою добросовестность, Израиль все же разблокировал замороженные банковские счета арабских беженцев (речь идет о более чем 10 миллионах долларов), выплатил компенсацию наличными или тысячами гектаров земли. Ясно, что около 160.000 арабов предпочли, несмотря на арабские угрозы и приказы, остаться в Израиле, и никто них не тронул.

ООН приняла резолюцию № 194 от 11 декабря 1948 г., в которой просила обе стороны решить все открытые проблемы самостоятельно или сделать это с помощью специально созданной Согласительной комиссии для Палестины; важно раз и навсегда разъяснить, что резолюции Генеральной Ассамблеи ни для кого не являются юридически обязательными. Но что утверждает ст. 11?:

«...Беженцам, желающим вернуться в свои дома и жить в мире со своими соседями, должно бы быть разрешено сделать это как можно скорее, и должна бы быть выплачена компенсация за имущество тех, кто решил не возвращаться, а также за утрату или ущерб имуществу, который в соответствии с принципами международного права или справедливости должен быть компенсирован правительствами или компетентными органами».

Согласительная комиссия должна была следить за всем этим и поощрять. Как ясно из прочитанного, у Израиля даже не было никаких обязательств по репатриации беженцев, приехавших не с мирными намерениями, и не случайно использование условного «должен бы» - «should» вместо изъявительного «должен» - "shall"; повторяем, это был не долг, а «приглашение» («должен бы»). Таким образом, интерпретация арабов и их прислужников (СМИ, ВИП и политиков), которая, к сожалению, теперь является общим наследием, ошибочна.

Давайте послушаем, что сказал по этому поводу президент Египта Хосни Мубарак: «Запрос палестинцев о «праве на возвращение» совершенно нереалистичен и мог бы быть решен с помощью денежной компенсации и переселения в арабские страны».

Чтобы иметь представление: если бы каждый палестинец вернулся в Израиль, их число превысило бы 13 миллионов с палестинским большинством (75% против 46%); смешно просто думать об этом. Следует добавить, что палестинцы, когда говорят о возвращении, имеют в виду дома, в которых они жили в 1948 г. Это из области анекдотов. В качестве доказательства приведем то, в чем признался президент Египта Насер в интервью 1 сентября 1961 г.: «Если беженцы вернутся в Израиль, Израиль прекратит свое существование».

Министр иностранных дел Египта Мухаммад Салах ад-Дин проиллюстрировал, каковы были реальные цели:

«Конечно, хорошо известно, что арабы, требуя возвращения беженцев в Палестину, намереваются вернуть их в качестве хозяев Родины, а не в качестве рабов. Говоря более прямо, они имеют в виду ликвидацию Государства Израиль».

Итак, вот их настоящая цель.

Но кто может быть «палестинским беженцем»? Генеральная Ассамблея ООН предоставила Организации Объединенных Наций по оказанию помощи Палестине мандат на работу с беженцами до того, как Резолюцией 302 от 8 декабря 1949 г. было официально создано Ближневосточное агентство ООН для помощи палестинским беженцам и организации работ (БАПОР), которое дало работу как минимум 46 террористам из Хамаса, Исламского джихада и Бригад мучеников Аль-Аксы.

Примерно треть палестинцев, зарегистрированных как беженцы, сейчас живут в лагерях в Иордании, Ливане, Сирии, на Западном Берегу и в секторе Газа; а остальные две трети? Они живут в основном в городах принимающих стран и на их окраинах, а также на Западном Берегу и в секторе Газа, часто вблизи официальных лагерей. И хотя Израиль пытался предоставить дома палестинским беженцам, когда контролировал сектор

Газа, арабы выступили против этого, потому что для них важно, чтобы антиизраильская ненависть продолжалась через трудности беженцев. Прежде всего, очень важно, чтобы продолжался поток денег: с 1993 г. палестинцы получили миллиарды долларов в виде международной помощи, но неизвестно, куда они делись.

Вернее, мы это знаем и мы увидим куда...

Арабский расизм в отношении палестинских беженцев

Вы спросите, почему те же арабские страны не приняли беженцев? Просто: потому что, как мы увидим позже, они расисты по отношению к палестинцам. В 1950 г. ООН хотела перевезти 150 тысяч беженцев из Газы в Ливию, но Египет воспротивился этому. С 1948 по 1967 г. Египет владел сектором Газа, а Иордания владела *Западным берегом* реки Иордан; почему эти две страны не предложили эту землю палестинцам, чтобы гарантировать им собственное государство? Парадоксально, но это именно та земля, которую теперь сами арабы – противореча себе же – требуют от Израиля передать им! Почему жители Западного берега никогда не претендовали на собственное государство, когда были частью Иордании, а арабы Газы не сделали того же во время египетской оккупации, никто так и не объяснил.

Генерал Александер Галлоуэй, директор БАПОР в Иордании, заявил в 1952 г.:

«Совершенно ясно, что арабские государства не хотят решения проблемы арабских беженцев. Они хотят сохранять ее в качестве зияющей раны, в качестве вызова ООН и в качестве оружия против Израиля. Арабским лидерам наплевать, будут ли палестинские беженцы жить или умрут».

И послушайте, как *лидер* палестинских националистов Муса Алами критикует арабское лицемерие:

«Позорно, что арабские правительства не позволяют арабским беженцам работать в своих странах, закрывают им двери в лицо и заключают их в лагеря».

Как по волшебству, в 2016 г. этому агентству удалось увеличить число палестинских беженцев до 5 миллионов 200 тысяч; непомерное число, учитывая то, что мы видели раньше. Как это могло произойти? Вы должны учитывать, что по мнению ООН, арабу достаточно прожить в Палестине два года, до 1948 г., чтобы стать беженцем. Абсурдно, что сюда входят и потомки беженцев, которые даже не упомянуты в Постановлении...

Пятница 15 мая для арабов является *«Днем Накбы»*, *«Катастрофой»* основания Израиля, а вот арабские государства могут отказать беженцам, и никто не жалуется, с 1948 г. они могут сделать самые худшие вещи против палестинцев и никто об этом не говорит.

Последним не разрешается становиться гражданами арабских стран; это невероятная резолюция Лиги арабских государств № 1547 от 1959 г., *«с целью сохранить палестинское образование и палестинскую идентичность»* (этно-националистическое, если не расистское, положение).

В 1967 г. Иордания не предоставила гражданства жителям Газы, прибывшим после Шестидневной войны. В 1970 г. около 25.000 палестинцев были изгнаны или убиты в ходе событий *«Черного сентября»* в Аммане; их лагеря были позорно снесены. Иорданцы рассматривают палестинцев, чье гражданство было аннулировано сирийцами, как «демографическую угрозу». А какой предлог? Они делают это для того, чтобы не дать Израилю преимущество. Читайте, читайте: *«Мы не хотим быть инструментом Израиля в поиске нового размещения для прибывающих в Иорданию палестинцев, гарантируя им гражданство»*, — объяснил бывший министр внутренних дел Иордании Наиф аль-Кади. Смешные. Расизм Аль-Кади доходит до того, что он не только решительно выступил за лишение палестинцев гражданства, но даже отказывает в гражданстве детям иорданских женщин, вышедших замуж за палестинцев и других неиорданских граждан.

Египет, аналогично, изгнал всех палестинцев из египетских лагерей в секторе Газа в 1949 г.; теперь их осталось очень мало во всей стране. В 2013 г. сотни палестинских беженцев из Сирии были задержаны при попытке въезда; граница с Газой у Рафаха была закрыта, за исключением поездок по состоянию здоровья, в результате чего 1,7 миллиона жителей Газы оказались в заключении. В феврале 2015 г. Абдель Фаттах ас-Сиси при поддержке Верховного суда объявил *Хамас* вне закона как террористическую организацию, как сделал бы любой другой Израиль.

Да ладно, может быть, в Ливане ситуация будет лучше. Я бы не сказал... Более 400.000 палестинцев живут в 12 ужасающих лагерях беженцев; с 1962 г. они не кто иные, как *«иностранцы на родине»* или *«иностранцы, с непризнанной национальностью»*. Во время гражданской войны в период с 1975 по 1978 г. погибло не менее 5000 палестинцев, не считая тех, кто погиб в период с 1985 по 1988 г. (еще тысячи). В 2007 г. более 30.000 палестинцев остались без крова из-за того, что ливанская армия разрушила лагерь Нахр-эль-Барид. В 2015 г. было решено, что палестинцы могут оставаться в Ливане только девять часов и при этом должны иметь визу в одну из третьих стран.

Где была ООН, когда Кувейт и несколько стран Персидского залива за одну неделю изгнали около 400.000 палестинцев, поддержавших иракскую оккупацию в марте 1991 г.?

А Ливия установила рекорд антипалестинского расизма, который трудно побить. В 1994-95 г. Каддафи изгнал более 30.000 палестинцев и конфисковал все. После его смерти дела пошли лучше? Отнюдь не так! Около 40.000 палестинцев, проживавших в районе Триполи, были силой выселены из конфискованных домов, и никто из них не смог больше вернуться. Мотивом был терроризм... Пожалуйста, тогда почему, когда Израиль говорит об этом, то это не считается аргументом?!

А в Ираке? В 2005 г., после того как Саддам Хусейн потерял власть, палестинцы подверглись похищениям, убийствам и пыткам со стороны вооруженных группировок; около 19.000 пришлось бежать, оставшись в лагерях в пустыне между Ираком и Сирией, поскольку ни одна арабская страна не хотела их. Сейчас в Ираке проживает всего 6.000 палестинцев. Тамер Мешайнеш, *лидер Лиги палестинцев* в Ираке, заявил, что палестинцы сталкиваются с *«беспрецедентным насилием»* и *«растущим числом нападений»*. Мешайнеш и Абу аль-Валид также обвинили Палестинскую национальную администрацию (ПНА) в использовании только *«пустой риторики»* по этому вопросу.

Продолжаем; в Катаре рабочие визы палестинцам не выдаются с 1994 г.

В Сирии с 70-х годов палестинцы не имеют возможности голосовать и быть избранными; в 2005-2008 г. эта страна не позволила тысячам палестинских арабских беженцев, бежавших из Ирака, даже въехать в страну. С 2012 г. по сегодняшний день в гражданской войне погибло почти 3.000 палестинцев. Впоследствии они пережили голод и ужасы конфликта, как и беженцы лагеря Ярмук. А что сделала ООП, чтобы защитить их? В апреле 2015 г. она лицемерно заявила, что не хочет интересоваться палестинским лагерем Ярмук на окраине Дамаска (180.000 палестинских беженцев). Они живут как паразиты в гетто и могут пользоваться только субсидиями ООН и денежными переводами от родственников. Насер назвал этот лагерь *«арабскими атомными бомбами»*.

Я бросаю вам вызов: найдите мне хотя бы одного палестинца с паспортом, к примеру, египетским или марокканским.

На Ближнем Востоке с 1948 г. более 90% из 11 миллионов убитых арабов погибли от рук мусульман. Только 0,3% были убиты Израилем за 66 лет конфликта!

Завершаем любопытством: вы ведь знаете *куфию*, да? Символ, используемый во всем мире в знак солидарности с палестинским народом. Есть черно-белый вариант, который ассоциировался с ООП и Аль-Фатхом в 60-е годы. Красно-белая, гораздо менее известная, наоборот, связана с (псевдо) марксистскими движениями, такими как НФОП. Так вот, сегодня только одна старая фабрика в Хевроне все еще ткет куфию, все остальное на базарах *сделано в Китае*; Хамас, который правит сектором Газа, не любит *куфию*. Вот и случилось, что в секторе Газа силы безопасности *Хамаса* избили студентов и сотрудников университета Аль-Азхар, носивших ее. Центр по правам человека *Аль-Мезан* осудил запрет полиции *ХАМАС* на *куфию*, нападение на университет и избиение студентов.

И это будет «палестинское» (объединенное) население?

. . . .

(Не)оккупированные территории

Наряду с словами *«раньше здесь была сельская местность»* и *«дело не столько в жаре, сколько в влажности»*, третьим наиболее часто повторяющимся припевом является то, что Израиль якобы «оккупировал» знаменитые территории.

Предоставим слово техническим специалистам: профессор международного права Стивен Швебель, бывший председатель Международного суда, пояснил, что страна, действующая в порядке самообороны, может конфисковать и оккупировать территорию, если это необходимо для защиты себя и, следовательно, своих граждан. Из этого следует, что в обмен на свой полный уход он может запросить меры безопасности, которые лучше его защитят. Собственно, об этом говорит ст. 49 Четвертой Женевской конвенции на эту тему: первый параграф запрещает *«по каким бы то ни было мотивам угон, а также депортирование покровительствуемых лиц из оккупированной территории на территорию оккупирующей державы или на территорию любого другого государства независимо от того, оккупированы они или нет».*

Что ж, ни один арабский гражданин к востоку от *«зеленой линии»* не был переведен в Израиль или другой пункт назначения, в то время как этот параграф, наоборот, было явно нарушен, когда именно евреи Иудеи и Самарии были изгнаны иорданцами в 1949 г.

Следующий параграф продолжает: *"Однако оккупирующая держава сможет произвести полную или частичную эвакуацию какого-либо определенного оккупированного района, если этого требует безопасность населения или особо веские соображения военного характера. При таких эвакуациях покровительствуемые лица могут быть перемещены только в глубь оккупированной территории, за исключением случаев, когда это практически невозможно. Эвакуированное в таком порядке население будет возвращено обратно в свои дома немедленно после того, как боевые операции в этом районе будут закончены".*

И это именно то, что Израиль сделал со своим забором безопасности на *Западном Берегу* после Второй интифады, вытеснив людей для его возведения.

Последний абзац заканчивает так: *«Оккупирующая держава не сможет депортировать или перемещать часть своего собственного гражданского населения на оккупированную ею территорию».*

И, скажите пожалуйста, когда это евреев принуждали когда-нибудь ехать на Западный Берег и в сектор Газа? Они поехали туда, потому что это были территории их прошлого или их предков, откуда их изгнали в 1949 г.

Но, может быть, хотя бы этимология термина *«оккупация»* докажет, что Израиль ошибается? Нисколько! Когда эти территории были когда-либо приобретены или законно удержаны Иорданией или Египтом? На Западном Берегу и в секторе Газа после Османской империи никогда не было законного правительства, что было продемонстрировано; о «палестинцах» даже не говорю, потому что они не владели ими даже незаконно. И наоборот, в Иудее и Самарии раньше жили евреи с *незапамятных времен*; как их можно назвать оккупантами или «поселенцами» спорных территорий? Поэтому нет смысла даже менять название Иудеи и Самарии на *Западный берег* (только потому что они расположены на западном берегу реки Иордан), чтобы изменить историю. Последним коренным суверенным государством в этом регионе до Израиля была еврейская Иудея. И угадайте, кто подтверждает все этим предложением? Читайте:

«Газа свободна от оккупации, и посетителям сектора, прибывающим со всего мира, легче обеспечить связь с внешним миром».

Это говорит знаменитый министр иностранных дел *Хамаса* Махмуд аз-Захар. Между прочим, резолюция ООН о разделе 1947 г., конечно, не говорила о *Западном береге*, а говорила собственно о *«холмистой местности Самарии и Иудеи»*. Арабам показалось некрасиво называть ее настоящим именем, не так ли? Тогда люди поймут...

Антифон не меняется, если мы проанализируем и Гаагский регламент (в частности, ст. 55):

«Государство-оккупант будет считать себя только администратором и узуфруктуарием общественных зданий, недвижимости, лесов и сельскохозяйственных компаний, принадлежащих вражескому государству и расположенных в оккупированной стране. Он должен будет сохранить право собственности на такое имущество и управлять им в соответствии с правилами, касающимися узуфрукта».

Какие законы следует применять? Кто-то может сказать, что это относится к законам британского мандата; ну, ст. 6 Британского мандата 1922 г. позволяет сегодня израильтянам селиться, где они хотят, на территориях, упомянутых в том же мандате (следовательно, также в Газе, Израиле и на так называемом *Западном Берегу*). А если бы вместо этого мы применяли бы законы иорданского оккупанта, проблем возникло бы еще меньше.

Но давайте абсурдно предположим, что Израиль является государством-оккупантом в секторе Газа. Вот что предусмотрено ст. 43 Четвертой Гаагской конвенции о законах и обычаях сухопутной войны от 18 октября 1907 г.:

С фактическим переходом власти из рук законного Правительства к занявшему территорию неприятелю последний обязан принять все зависящие от него меры к тому, чтобы, насколько возможно, восстановить и обеспечить общественный порядок и общественную жизнь, уважая существующие в стране законы, если к тому не встретит неодолимого препятствия».

По существу, упомянутый закон разрешает как вторжение Израиля в сектор Газа, так и восстановление и защиту общественного порядка и безопасности. Более того, кто может оспорить устранение *Хамаса*, который не имеет легитимности на этих территориях и не может - в силу соглашений Осло - накапливать запасы оружия и боеприпасов, а тем более нападать на кого-либо?

Помимо прочего, нужно учесть, что подавляющее большинство поселений было построено в необитаемых районах, а когда это делалось в арабских городах, ни один палестинец не был изгнан из своего дома. Давайте внесем ясность: в любом случае речь идет об «оккупации» гораздо меньше, чем 2% всех спорных территорий.

В интервью, опубликованном газетой *«Гаарец»*, палестинский переговорщик Саиб Эркат, политическая правая рука по международным вопросам палестинского президента Махамуда Аббаса, признал, что процент территории *Западного Берега*, оккупированной поселениями, составляет всего 1,1%!

Моя госпожа, где же мы окажемся...

Важно также уточнить, что примерно 70-80% поселенцев поселились на окраинах крупных таких израильских городов, как Иерусалим и Тель-Авив, с единственной целью гарантировать безопасность Израиля, тем самым добившись еврейского большинства в регионах - театре ожесточенных столкновений, таких как Западный Берег и коридор Тель-Авив-Иерусалим.

Так может быть правда хотя бы, что согласно резолюции 242 ООН Восточный Иерусалим это «оккупированная территория»? Один из составителей этой резолюции, посол США в ООН Артур Голдберг, пояснил по этому поводу:

«Резолюция 242 никоим образом не касается Иерусалима, и это упущение является преднамеренным... Иерусалим был важным вопросом, отдельным от Западного берега».

Таким образом, Резолюция четко выражает факт, что приобретение территорий посредством войны недопустимо, то есть, начиная ее, и совершенно очевидно, имеет целью помешать нападающему иметь возможность удерживать завоеванные территории. Если поразмыслить наоборот, что бы теряла нация, напавшая на другую, как это всегда делали арабы, если бы она не рисковала потерять хотя бы часть своей собственной территории?

Затем резолюция призывает к *«выводу израильских вооруженных сил с территорий, оккупированных в ходе недавнего конфликта»:* но вот в чем суть. Совет Безопасности нигде не заявил, что Израиль должен уйти со *«всех»* территорий, оккупированных в результате Шестидневной войны, а просто *«с оккупированных территорий».* Тот факт, что нет слова *«все»,* показывает, что Израилю не обязательно уходить со всех территорий. Даже советский делегат тогда повторил, что, не вставив слово «все», подразумевалось, что часть этих территорий может остаться в руках Израиля. Тем не менее, почему арабские государства захотели сделать эту вставку и заявили, что для них она по-прежнему имеет значение «все», если толкование не было только что описанным?

Следует добавить, что Израиль, тем не менее, ушел с 91% территорий, вернув Египту огромный Синай (около 23.000 квадратных миль, что более чем в два раза превышает площадь Израиля), чтобы сделать его буферной зоной между Египтом и Израилем. И все это с учетом того, что линия 1967 г., еще раз повторяем, никогда не была настоящей международно признанной границей.

Насколько известно, ни одна страна никогда не возвращала территории, приобретенные в ходе войны. *Уникальный он,* Израиль.

План раздела Палестины ООН 1947 г., будучи всего лишь *рекомендацией,* не заменил британский мандат, поскольку *Высший палестинский арабский комитет* и государства, входящие в Лигу арабских государств, никогда не признавали его. Действительно, ст. 80 Устава ООН имплицитно признает «Британский Мандат на Палестину» Лиги Наций.

У всего этого также есть *«юридический зонтик»;* Международный Суд ООН подтвердил действительность вышеупомянутой статьи 80 в трех различных решениях: в консультативном заключении Международного Суда от 11 июля 1950 г., в консультативном заключении Международного

Суда от 21 июня 1971 г. и в решении от 9 июля 2004 г. Но отсутствие мира – это по вине Израиля? В 1937 г. арабы сказали «нет» *докладу Комиссии Пиля*, который предусматривал решение «два государства для двух народов»; в 1947 г. они отвергли план раздела ООН; в 1993 г. Израиль подписал соглашения Осло и затем соблюдал их, уступив административный контроль над Западным берегом (зоны А и В) *Палестинской национальной администрации* (ранее ООП); в 2010 г. премьер-министр Нетаньяху заявил, что он открыт для переговоров – без диктовки условий – с целью окончательного создания палестинского государства, но другая сторона выдвигала одно за другим неприемлемые условия. Именно тогда участник мирных переговоров Деннис Росс выпалил:

«Арафат не хочет заканчивать конфликт, потому что это означало бы, что с ним покончено».

Это чистая правда; палестинцам будет что терять, начиная со своего руководства и возможной независимости. Во-первых, потому что тогда им придется работать, чтобы прокормить себя, а во-вторых, потому что помощь, предоставляемая международным сообществом потоками, исчезнет (11 миллиардов долларов в год!). Еще одна ерунда, в которую, к сожалению, многие (слишком многие) до сих пор верят, заключается в том, что поселения являются препятствием на пути к миру.

Ах, да? В период 1949-1967 годов на Западном Берегу евреев не было, но о мире никогда не было и речи. С 1967 по 1977 г. левое правительство хотело оставить лишь несколько стратегических поселений, но до сих пор не достигло соглашения. И наоборот, в 1977 г., после того как правое правительство решило увеличить количество поселений (если исключить вывод войск с Синая, откуда они были фактически удалены), президент Египта Садат без проблем подписал мир с Израилем. В период с июня 1992 по июнь 1996 г. при левом правительстве количество поселений увеличилось примерно на 50%, однако палестинцы подписали Соглашения Осло в сентябре 1993 г. и Соглашение Осло-2 в сентябре 1995 г. Тем временем, в 1994 г. Иордания прекратила военные действия с Израилем - навсегда - и при этом поселения, которые все еще существуют, не были проблемой. В 2000 г. премьер-министр Эхуд Барак хотел предоставить ООП полный суверенитет примерно над 98% территории

Западного берега, с коридором в Газу и столицей в арабском секторе Иерусалима, а также признать начальное «возвращение» беженцев ; Арафат сказал нет. В 2005 г. премьер-министр Шарон хотел еще раз подать пример доброй воли, отдав приказ об одностороннем выводе войск из сектора Газа – с сомнительным применением силы, если не сказать больше – принудительно обязывая поселенцев покинуть свои дома в секторе Газа; с другой стороны, палестинцы не придумали ничего, кроме как поручить *Хамасу* обстрелять южный Израиль примерно 10 тысячами ракет. И мы знаем, что произошло бы, если Израиль задумал полностью уйти, без мира, с «оккупированных» территорий на *Западном Берегу*. В 2008 году премьер-министр Эхуд Ольмерт сделал предложение, почти аналогичное предложению 2000 г., но другая сторона, *как обычно*, отказалась.

В общем и целом, арабские НЕТ, всегда (не)обдуманные, были соответственно в 1937, 1947, 1967, 2000, 2001, 2008 и 2012 годах.

А как насчет противоположного подхода Израиля и арабов в отношении предоставления земли в обсуждаемых районах? В 2002 г. Верховный суд Израиля предупредил, что государство не может выделять землю на основе религии или этнической принадлежности и, следовательно, не может препятствовать арабским гражданам жить там, где они пожелают. С другой стороны, в 1996 году Великий муфтий *Палестинской национальной администрации* Икрима Сабри издал настоящую *фетву*, запрещающую арабам продавать свою собственность евреям под страхом смертной казни. И действительно, только в том году было убито как минимум семь *«продавцов земли»*. 5 мая 1997 г. министр юстиции ПА Фрейх Абу Миддейн официально издал указ о смертной казни для любого, кто принуждал или убеждал других сдать Израилю хотя бы один см; доказательством этому стал 1998 г., когда был убит палестинец, только подозреваемый в этом. Другие подозреваемые продавцы были затем арестованы за нарушение иорданского законодательства, которое запрещает продажу иностранцам на *Западном Берегу*. В подтверждение израильской демократии в мае 2012 г. Кнессет отклонил законопроект, представленный депутатом от Ликуда Мири Регев, о расширении территориального суверенитета Израиля на Иудею и Самарию.

Но перейдем к голым фактам, неоспоренным *выдумщиками*, об условиях жизни в тех районах. В период с 1967 по начало 1980-х годов годовой доход на душу населения в Газе взлетел с 80 до 1700 долларов в секторе Газа, а на Западном Берегу валовой внутренний продукт превысил даже в три раза, количество автомобилей увеличилось в 10 раз, количество телефонов в шесть раз, тракторов в девять раз. В 1967 г. только 18% домов Газы были подключены к электричеству: в 1981 г. их было уже 89%. Ну что за странный апартеид...

В период с 1968 по 1978 год ВВП в среднем составлял 12,9% в год и 12,1% в секторе Газа. Учтите, что в самом Израиле он был меньше, т.е. 5,5%.

А как насчет арабов, живущих в Газе и на Западном Берегу? По данным ВОЗ, более четверти палестинцев можно считать страдающими ожирением: эффект «израильского империализма»! Израильский журналист Бен-Дрор Йемини обнаружил, что у палестинцев, по крайней мере тех, кто живет в Газе и на Западном Берегу, средняя продолжительность жизни сегодня составляет 76 лет (средний мировой показатель составляет 72 года); в 1967 г. он был 48,7 года. На этих территориях детская смертность самая низкая на Ближнем Востоке (13 на тысячу и постоянно снижается), самый высокий процент выпускников в арабском мире (49% образованного населения). Согласно израильской переписи 1967 г. население Западного берега и сектора Газа составляло соответственно 661.700 и 354.000 человек. Сегодня население Западного берега и сектора Газа составляет соответственно 2 949 246 и 1 957 062 человека. Опять же, давайте посчитаем; население Западного берега в результате предполагаемой политики *этнической чистки Израиля* увеличилось почти на 2,3 миллиона, а в Газе - на 1,6 миллиона.

Вы еще раз осознаете, какую *чушь* вам говорят? И на этом дело не закончилось...

Глава 3 – Палестинский империализм

Палестин(а)ци

Для тех, кто верит, что море сладкое, снег обжигает, а дождь сухой, палестинское движение будет иметь левый (ООП) подтекст, если не откровенно «марксистский» (НФОП). Это как раз наоборот.

Вы случайно не знаете Хаджа Амина аль-Хусейни? Он был Великим муфтием Иерусалима, лидером организации «Братья-мусульмане», проживал в Германии с 1941 по 1945 год. Два сапога пара, на деле он также был наставником и дядей Ясира Арафата (по отцовской линии).

Проарабский нацистско-фашистский профиль имел свой основной момент, когда Муссолини представил себя как защитника арабов, получив меч ислама 18 марта 1937 г. в Триполи, после резкой критики еврейских поселений в Палестине. Тем не менее, в официальном письме, отправленном Великому муфтию 28 апреля 1942 г. министром иностранных дел фашистом Чиано, известным проарабскими взглядами, арабским союзникам было подтверждено, что Италия сделает все возможное, чтобы упразднить «еврейский национальный дом». В подтверждение этих слов 10 сентября 1936 г. и 15 июня 1938 г. Великий муфтий получил из Италии 138.000 фунтов стерлингов.

Короче, а нацисты? Они не были исключением. Бернард Льюис объясняет, почему они были категорически против создания израильского государства:

«Согласно расовым теориям, только арийцы были достойны пользоваться политическим суверенитетом, потому что только они были способны его осуществлять. Евреям не хватало творчества и идеализма, необходимых для создания и выживания государства». В Майн Кампф Гитлер объявил:

«Когда сионизм пытается заставить остальной мир поверить в то, что национальное сознание евреев найдет свое удовлетворение в создании палестинского государства... евреи... не имеют другого намерения, кроме как основать там оперативный центр их шарлатанское дело».

В ноябре 1941 г. муфтий встретился с Гитлером, который лично подтвердил ему, что

«Германия была против еврейского национального дома в Палестине... Германия оказала бы определенную и конкретную помощь арабам, которые вели ту же борьбу... Цель Германии [это – прим. автора]... только уничтожение еврейского элемента, проживающего в арабской среде... в этот момент муфтий будет самым авторитетным представителем арабского мира».

2 ноября 1943 г. Генрих Гиммлер повторил Великому муфтию в телеграфном сообщении, что «Национал-социалистическая партия Великого Германского Рейха... с сочувствием следила за битвой арабов, воодушевленных духом свободы, против еврейских захватчиков, особенно в Палестине».

Со своей стороны, Риббентроп пообещал муфтию, как это уже сделал Чиано, что

«Германия готова оказать всю свою поддержку угнетенным арабским странам в реализации их национальных целей, независимости и суверенитета, а также в разрушении «еврейского национального дома» в Палестине».

В хронологии ужасов 1 марта 1944 г. Фюрер призвал к изгнанию евреев в яростном антисемитском радиовыпуске:

«Арабы, восстаньте и боритесь за свои священные права! Убивайте всех евреев, которых найдете!».

Во время суда над Эйхманом, проходившим в Иерусалиме в 1961 г., генеральный прокурор Гидеон Хауснер представил документы, подтверждающие встречу, состоявшуюся в ноябре 1941 г., на которой муфтий объяснил Адольфу Эйхману «окончательное решение». Но еще раньше, на Нюрнбергском процессе, свидетель подтвердил, что муфтий лично встречался с Адольфом Эйхманом в лагере Освенцим и бесстыдно «подстрекал охранников к более широкому использованию газовых камер».

И снова муфтий прямо в микрофон Радио Берлина объявил в ноябре 1944 г.:

«Всем арабам: правительство Германии согласно на создание арабского подразделения, которое будет бороться с еврейской бригадой в Палестине».

В 1945 г. Югославия хотела обвинить муфтия как военного преступника в том, что он завербовал 20.000 мусульманских добровольцев, которые помогали СС в убийствах евреев в Хорватии и Венгрии; было позором позволить ему бежать из Франции в 1946 г., а затем работать для палестинцев в Каире, а затем в Бейруте.

А сегодня? Ничего не изменилось.

Близкий к национал-социалистическим идеям, шейх Хасан Насралла, глава ливанской «Хезболлы», по доброте душевной, определил отрицателя нацизма Дэвида Ирвинга как «храброго человека, ставшего жертвой сионистов», который лишь «защищал научное мнение исторического характера, отрицая существование газовых камер в нацистских лагерях».

Нацистом, позже нанятым палестинцами, был Франсуа Жену, известный швейцарский банкир нацизма и наследник по завещанию Адольфа Гитлера и Йозефа Геббельса. Та же самая военная казна Рейха была использована для финансирования палестинских террористов, особенно предполагаемых «марксистов-ленинистов» из НФОП, а также близкого друга ее основателя, Жоржа Хаббаша и основателя «Черного сентября» Али Хасана Саламе. Сам Жену, умирая, признался французскому журналисту Пьеру Пеану, что в 1972 г. он был причастен к захвату палестинцами рейса 649 авиакомпании Lufthansa. В 1959 г. он создал «Международную ассоциацию друзей арабского мира», а затем переехал в Лозанну, где вместе с сирийцем Зухаиром Мардам-беем открыл Арабский коммерческий банк. Это была международная организация (конечно же, неонацистская), которая организовала также тренировочные лагеря для палестинцев в испанских Пиренеях и в итальянском Альто-Адидже. Например, лагерь Мальга Краун координировался и управлялся известной внепарламентской группой «Национальный авангард» (АН) с целью «формирования палестинской молодежи». 5 и 6 апреля 1969 г. в Барселоне прошла Десятая ассамблея нацистов Нового Европейского порядка (NOE), основанного в Цюрихе «французистом» Рене Бине и возглавляемого швейцарцем Гастоном-Арманом Амаудрусом, близким к Жену. В Барселоне также присутствовали военные делегаты от «ФАТХа», члена ООП Ясира Арафата. Но уже в 1970 г. боевики-неонацисты оказались в палестинских лагерях Таль аз-Заатар и

Бир-Хасан в Ливане. Там ООП завербовала немецких боевиков-неонацистов, таких например, как 20 членов неонацистской группы Wehrsportgruppe (Военно-спортивная группа), основанной в 1973 г. Карлом-Хайнцем Хоффманном. Именно тогда Удо Альбрехт — немецкий преступник, сражавшийся с палестинскими группировками во время «Черного сентября» в Иордании во главе неофашистского ополчения под названием «Фрайкорпс Адольфа Гитлера» — привел его в ООП. В 2012 г. Der Spiegel сообщил, что два немецких неонациста, Вилли Поль и Макс Абрамовски, помогали «Черному сентябрю» в мюнхенской резне 1972 г., перевозя террористов и снабжая их паспортами. В 1969 г. ООП завербовала также Эриха Альтерна, главу отдела по делам евреев Гестапо в Галиции, который после принятия ислама выбрал имя «Али Белла» и в 50-х годах в Египте руководил палестинскими боевиками.

Закончено? Нисколько!

ООП также завербовала Вилли Бернера, бывшего эсэсовца из лагеря смерти Маутхаузен; со своей стороны, другой нацист, Иоганн Шуллер, поставлял оружие «ФАТХу». Другой бельгийский неонацист, Карл ван дер Пут, вербовал добровольцев в палестинскую организацию. Бельгиец Жан Тириар, секретарь нацистской организации La Nation Européenne, также получал деньги от ФАТХа. Другой товарищ, Отто Альбрехт, был арестован в Германии и найден вместе с документами ООП после того, как сами палестинцы дали ему более миллиона долларов на покупку оружия.

Отношения с неонацистами, очевидно, всегда были крепкими; действительно, эти две части были (и остаются) одним и тем же.

С 1945 по 1958 год около двадцати тысяч национал-социалистических иерархов нашли гостеприимство, особенно в Сирии и Египте. Примером может служить французский лектор Сен-Лу (настоящее имя которого, однако, было Марк Ожье), бывший политрук дивизии СС «Шарлемань», опубликовавший книгу с символическим названием «Палестина победит». Числится также Вильгельм Бёрнер (назвавшийся Али Бен Кешир), который был унтерштурмфюрером СС, бывшим надзирателем лагеря Маутхаузен. Еще есть сотрудник министерства внутренних дел Египта Карл Людер, инструктор Фронта освобождения Палестины, бывший лидер «Гитлерюгенда» и ответственный за антисемитские преступления в Польше. В ноябре 1967 г. журнал неонацистской организации Bund Heimattreuer Jugend («Молодёжь, верная Отечеству») Der Neue Aufbruch опубликовал отвратительный некролог, посвящённый Карлу ван Кинасту: «Лейтенант запаса Бундесвера, капитан армии Соединённой Арабской Республики, павший на Суэцком фронте 12 сентября 1967 г.».

Какой хороший человек был...

Леопольд Глейм, известный глава гестапо в Польше, взял имя Али аль-Нахар, когда его выбрал египетский диктатор Нассер; Оскар Дирлевангер, убийца десятков тысяч евреев Украины, даже стал его телохранителем. Вторым доктором Менгеле в Дахау был доктор Генрих Виллерман, руководивший «лагерем Самарра» в Египте. В Каире также жил Карл Дебуш, им был не кто иной, как Ганс Эйзель, еще один врач-убийца из Дахау, который оставлял заключенных медленно умирать после инъекций цианида или пробовал на них апоморфин, чтобы проанализировать последствия рвоты. Курт Баурнан, истребитель Варшавского гетто, работал в военном министерстве в Каире и обучал палестинцев на Ближнем Востоке. А Иоахиму Даемлингу, бывшему начальнику Дюссельдорфского гестапо, было поручено реорганизовать египетскую полицию и пенитенциарную систему. Вальтер Рауфф, прославившийся так называемыми «газовыми грузовиками», с помощью которых было уничтожено почти сто тысяч евреев, в 1948 г. подумывал завершить работу в Дамаске.

Не забудем и о других обращенных в ислам, таких как Вильгельм Беклер (Абд аль Карим), бывший капитан гестапо и ответственный служащий египетской разведывательной службы, СС Вильгельм Бернер, который обучал палестинских федаинов, группенфюрер СС Алоис Мозер (Хасан Сулейман), который был военным инструктором, командир телохранителей Гитлера Людвиг Хайден (эль-Хадж), переведший «Майн кампф» на арабский язык, Генрих Зельман (Мухаммад Сулейман), важный чиновник гестапо г. Ульма и, наконец... под «грязный» занавес, бывший штурмбаннфюрер СС Вальтер Бальман (Али Бен Хадер). Но самым активным неонацистом в Египте был военный преступник Иоганн фон Леерс, бывший полковник СС и лидер НСДАП. В 50-х годах Хадж Амин аль-Хусейни, муфтий Иерусалима, приветствовал его, учитывая его ценное резюме, с распростертыми объятиями следующим образом:

«Мы благодарим Вас за то, что Вы осмелились предпринять борьбу с силами тьмы, олицетворенными мировым еврейством».

Фон Леерс обратился в ислам и с тех пор стал Омаром Амином фон Леерсом. Политический советник Департамента информации в Каире, выбранный, благодаря его опыту ближайшего сотрудника Йозефа Геббельса, он, по сути, возглавлял антиеврейскую государственную пропаганду в Институте исследований сионизма. Этот настоящий демагог со свалки также редактировал и режиссировал важные программы, такие как «Голос арабов», тошнотворный культ для мусульман. Вот что ему нравилось в фюрере:

«Мне нравилась борьба Гитлера с евреями и тот факт, что он уничтожил так много их».

Какая светлая душа...

Еврейский философ Эмиль Факенхайм вспоминал мысли фон Леерса:

«Государства, которые укрывают евреев, укрывают чуму, и у Рейха есть моральный долг и законное право завоевать эти страны, потому что он должен идти и вести непримиримую борьбу за искоренение чумы».

И Отто Скорцени, командир СС, освободивший Муссолини из плена на Гран-Сассо, тоже работал в разведке Насера: ему самому помогал другой немецкий товарищ, чиновник из министерства пропаганды Геббельса и РСХА Гиммлера, а именно Франц Бюнш. В своих отвратительных нацистских резюме он мог «похвастаться» тем, что работал с Эйхманом над «Окончательным решением» и написал отвратительную брошюру под названием «Сексуальные привычки евреев». Майор Отто Эрнст Ремер, подавивший заговор с целью убийства Гитлера 20 июля 1944 г., в 1993 г. дал интервью египетской газете. Он не только нес бред, что газовые камеры были «ложью», но и сравнивал поражение нацистской Германии с поражением палестинцев, «обе жертвы евреев, оба пострадали в условиях оккупации». Еще один пример «Палести-нацизма»

И многие палестинцы сами были нацистами; в 1966 году была опубликована арабская версия «Протоколов сионских мудрецов», переведенная Шауки Абд эль-Насером, братом президента Насера.

С учетом всего вышесказанного, кажется еще более абсурдным читать в томе «Израильского лобби», что

«Террористические организации, которые угрожают Израилю (такие как Хамас... Хезболла), не совершают нападения на Соединенные Штаты и не представляют угрозы фундаментальным интересам безопасности Америки...» и, следовательно, «не все террористы одинаковы».

Иными словами, нам, американцам, наплевать, что евреев уничтожают.

Сами национал-социалисты во всем мире настроены пропалестински. В 1985 г. англичанин наци-скин Майкл Дэвисон помог двум террористам ООП убить троих израильтян недалеко от Ларнаки, Кипр. Август Крейс, бывший член многих наиболее расистских группировок в США (Posse comitatus, ККК и Aryan Nation), настоятельно хотел, чтобы на веб-сайте Aryan Nation была целая страница, посвященная Хамасу, с такой похвалой:

«Вот почему мы аплодируем действиям ХАМАС и Хезболлы».

В конце концов, достаточно заглянуть в Интернет и найти в Google изображения палестинцев, отдающих нацистское приветствие; например, официальная фотография так называемых боевиков Хезболлы в Ливане в День мучеников в Бейруте 11 ноября 2001 г., фотография боевиков Хамаса, вплоть до палестинской полиции Аль-Фатха. Нацистское приветствие это также позорный фон для изображений боевиков «Хезболлы» с желто-зеленым флагом или для изображений НФОП (марксистско-ленинских...) с белым, красным и зеленым флагом, или для анонимных боевиков с куфией.

И на собственно фашистском фронте предостаточно пропалестинских позиций. Выделяется (так сказать) Новая сила Forza Nuova, чей «Национальный секретарь» в видеоролике на Youtube под названием «Forza Nuova и Палестина», загруженном 20 марта 2011 г., умудряется перечислять одну за другой смесь невероятных исторических глупостей. Вот краткий синтез: «мы сталкиваемся с ежедневной и постоянной несправедливостью по отношению к палестинскому народу» и с фактом, что Государство Израиль теперь будет иметь «расистскую и сионистскую ипотеку», и заканчивает в (де)крещендо в стиле Россини с

«Forza nuova всегда выступает за права палестинского народа и всегда за защиту интересов этого народа, принесенного в жертву на алтарь сионизма, который становится все более воинственным и разжигателем войны». И это сказано фанатами Муссолини!

Мы было остановились на историческом кличе молодых членов MSI 70-х и 80-х годов: «Палестинский товарищ, тот же идеал, та же баррикада!», а потом убедились, что и плакаты крайне правых партий, тех, с процентами голосующих за них равными цифрам телефонных префиксов, или тех, что проводят конференции в телефонных будках, обновились (в худшую сторону). Есть плакаты из Forza Nuova с надписью «Шествие за свободу Палестины» по случаю демонстрации в Palasport района Eur в Риме 9 марта 2019 г., или другие, где дети изображены на носилках под заголовком «Израильский террорист» и хэштегом #Палестинскийгеноцид. На плакате-фреске было написано: «Израиль террорист, стоп геноциду в секторе Газа» (sic!), а баннер Студенческой борьбы (Lotta Studentesca) (также ветвь Forza Nuova) восторженно гласил: «Стоп геноциду в секторе Газа, освободим Палестину». На еще одном плакате, опять же из Forza Nuova, мы читаем: «Они продолжают убивать невинных. Израиль — это терроризм». Здесь же, на изображении отец, держащий на руках сына с взорванной головой, но честно говоря, выглядящего как кукла. Forza Nuova Roma распространила плакат, на котором антиизраильский мужчина, сошедший с инвалидной коляски, бросает камни, на фоне других боевиков с флагом Палестины, и с – жалкой – надписью «Итальянец, бери пример». Её секция в Турине развернула баннер с надписью «Сионистские бомбы не шумят»; а в Пьяченце перезапустила лозунг «Хватит резни в Палестине».

Не отстают ни Социальное движение Трехцветного Пламени Реджо-ди-Калабрия с лозунгом «Свободная Палестина», ни Фашизм и Свобода – Национал-социалистическая партия, также из Реджо-ди-Калабрия, с ее манифестом со словами: «Солидарность с Палестиной», не говоря уже о фреске-флаере какой-то Vita est Militia с заголовком «Бойкотируй Израиль. Помоги остановить резню палестинского народа». Мы также советуем вам… не пропустить плакат группы «Национал-социализм» (чей логотип выглядит почти как стилизованная свастика), на котором изображен флаг Израиля и надпись, достойная «сбежавшего из принудительной психушки»: «За закрытие посольства Израиля в Италии, против продолжающегося геноцида палестинского народа и оккупации его территорий».

По личной инициативе Андреа Мишиа, советник CasaPound в Сант-Оресте, небольшом муниципалитете в провинции Рима, даже хотел заменить в муниципалитете радужный флаг на палестинский.

Интересно, что левые и, тем более, крайне левые думают об этом, разделяя те же пропалестинские идеи с этими крайне правыми внепарламентскими формированиями?

С другой стороны, чтобы понять идеологию палестинцев, если у вас еще есть сомнения, просто посмотрите на конференцию «Солидарное средиземноморье» (Mediterraneo Solidale), организованную крайне правой неправительственной организацией Solidaritè Identitè, поддержанную Casa Pound и Primato Nazionale и проведенную в Риме с участием двух высокопоставленных представителей ливанского шиитского движения Хезболла, а именно Римы Кахри, члена Политического совета исламистского движения, и Аммара аль-Мусави, руководителя отдела международных связей Хезболлы. Последний дословно сказал организаторам конференции:

«...мы действительно не находим никакой дистанции между нами и вами...». Что добавить? Поздравляем!

Даже итальянские правые радикалы, с объективно более острым умом, но с извращенной и отвратительной идеологией, такие как Франко (Джорджио) Фреда, уже в 1985 г. не избавили нас от следующих фраз: «Я проарабский»; «Иудаизм... сионизм... оказывается взаимозаменяемым злом... проявлением...вырождения человека», приглашая посетить «лагеря смерти» (sic!) сионистов «в Сабре и Шатиле», пример «резни палестинского населения, начавшейся в Дейр-Ясине и Нассер-Эд-Дине в 1948 г.».

Ах, я чуть не забыл плакат известного фашиста-антисемита Маурицио Боккаччи: «Израиля никогда не существовало, эта полоска земли называется Палестиной».

Любопытный факт: с 1942 г. Сирийская национал-социалистическая партия существует и в Ливане, Сирии, Иордании, Ираке и Палестине (с символом так называемой Заубаа, почти стилизованной красной свастикой на белом фоне и черным кругом). Это, чтобы было понятно, крупнейшая политическая группа в Сирии после Баас, насчитывающая более 100.000 членов, воюющих, какое совпадение, против кого? Против Израиля!

• • • •

Антиизраильский апартеид

От таких мастеров-монстров могла родиться только палестинско-нацистско-фашистская идеология. Аббас в декабре 2010 г. (концепция упорно повторялась в 2013 г.) имел смелость сказать:

«Я никогда не признаю еврейское государство, ни сегодня, ни через тысячу лет», а еще: «В независимой Палестине со столицей в Иерусалиме не будет места ни одному израильтянину».

И, да будет ясно, он имел в виду не солдат, а простых гражданских лиц. Эту же концепцию высказал 13 сентября 2011 г. посол ООП в США Маен Арейка. Премьер-министр Нетаньяху справедливо спросил: «Но если 20% граждан Израиля — арабы, почему я не вижу ни одного израильтянина у вас?» Отвечаем мы: израильтянам запрещен въезд в Ирак, Кувейт, Ливан, Иран, Ливию, Пакистан, Саудовскую Аравию, Судан, Сирию, Йемен, Алжир, Бангладеш, Бруней, Малайзию, Оман и Объединенные Арабские Эмираты. Но если бы все ограничивалось тем, чтобы просто не впустить их; их цель — убить их, где бы они ни скрывались.

Господин Аббас, который также был вторым номером Арафата в ООП и основателем Аль-Фатха, вручил «медаль памяти» матери трех палестинских террористов, один из которых погиб в результате теракта-смертника в 2002 г., в результате которого он убил пятерых израильтян. 3 февраля 2016 г. он выразил почтение семьям 11 террористов: «Ваши дети — мученики».

В 2003 г. тот же лидер террористов выступил отрицателем Холокоста.

«Одни пишут, что их было 12 миллионов, другие – 800 тысяч. Я не собираюсь вдаваться в подробности цифр».

Но это был рецидив, потому что еще в 1982 г. в Москве он высказал это безумие в своей докторской диссертации:

«...Однако после войны было объявлено, что среди жертв было шесть миллионов евреев и что истребление было направлено прежде всего против евреев, а во вторую очередь против других европейских народов. Правда в том, что никто не может ни подтвердить эту цифру, ни полностью ее опровергнуть». Вообще он неоднократно повторял, что гордится тем, что обучал Хезболлу и всех будущих террористов в специальных тренировочных лагерях. В 2010 г. он заявил, что резня в Мюнхене на Олимпийских играх 1972 г. была шедевром сопротивления правому делу, и что, по его мнению, «евреи поставили свои грязные ноги на камни Храмовой горы». А он их проверял, ноги-то?..

Он, по правде говоря, в хорошей компании: 29 ноября 2000 г. профессор истории Университета Газы Исам Сисалим подтвердил: «Дахау, Хелмно и Освенцим не существуют».

А что сказать о судье-исламисте (!), шейхе Тайсире Тамини из Палестинской национальной администрации, который пошел еще дальше: «Там, где Гитлер потерпел неудачу, мы должны добиться успеха».

Амин Дабур, директор Палестинского центра стратегических исследований, привел цифры: «Заявленное число [шесть миллионов, прим. автора] убитых евреев [в Холокосте, прим. автора] — это просто чистая пропаганда».

Египетский имам по имени Махмуд Аль-Масри, часто присутствующий на египетском телевидении Аль-Нас ТВ, является пропагандистом «истины» Протоколов сионских мудрецов. Есть также видео президента Египта Мурси от 2010 г., в котором он заявляет, что для него евреи — «дети обезьян и свиней».

Нас не должно удивлять, что террористы кишат, и что Абу Мазен, только что получивший 42.000 долларов от Байдена, передал их семье террориста, который в результате нападения убил двух человек и ранил двух других, в том числе двухлетнего ребенка. Палестинская национальная администрация жалуется на экономические условия на Западном Берегу, но выделяет террористам и их семьям от 3 до 7 миллионов долларов в виде вознаграждений и премий.

Вот что обычно полагается террористам: от 3 до 5 лет заключения - 500 евро в месяц; от 20 до 35 лет - 2400 евро. Если террорист женат, он имеет прибавку в 75 евро; если у него есть дети, надбавка составляет 15 евро за ребенка; если он из Иерусалима – на 75 евро больше; если он гражданин Израиля, еще на 120 евро больше.

Принц Абдалла и Саудовская Аравия тоже финансируют и вознаграждают террористов сотнями и сотнями миллионов долларов; к сведению, они также изобрели, жалкий телемарафон в честь палестинских «мучеников». Международная исламская организация помощи (IIRO) также финансирует Хамас на территориях, а также отдельных террористов и их семьи. По иронии судьбы, Махмуд Аббас тайно пожаловался саудовцам, что сам принц Наиф финансирует его «конкурентов» из Хамаса. В 2003 г. было подсчитано, что около 60% бюджета Хамаса поступает непосредственно из Саудовской Аравии, а также за счет иностранных пожертвований, в том числе западных, и даже из самих США. Даже футбольные команды и школы были названы в честь террористов.

Но палестинцы всегда говорили и говорят аномальности; символ арабского национализма Гамаль Абдель Насер опубликовал в немецкой газете такие слова: «Никто, даже самый наивный человек, не верит всерьез в ложь об уничтожении шести миллионов евреев».

С 2007 г. с большим успехом по детскому телевидению Хамаса прошел пропалестинский мышонок Фарфур, призывая к террористическим атакам на евреев. В одном из эпизодов Фарфур был забит до смерти израильским солдатом, когда... защищал мечеть Аль-Акса. В этот момент на видео трехлетняя девочка агрессивно заявляла: «Мы не любим евреев, потому что они собаки. Мы будем с ними бороться». Затем Фарфура заменил другой «белый и пушистый» персонаж, пчелка Нахуль, которая затем драматично умирает в следующем эпизоде детской программы из-за невозможности госпитализации из-за «израильской осады». После смерти, как уже упоминалось, куклы Фарфура, в детской программе «Пионеры завтрашнего дня» на телеканале Хамас в секторе Газа был представлен еще один новый анимационный персонаж в облике большого кролика, а именно Ассуд, который узнает о «мученической» смерти Нахуля, и совсем юная ведущая Сара его заверяет: «Мы освободим [иерусалимскую мечеть] Аль-Акса от грязи сионистов». Асуд поясняет: «Я, Асуд, уберу подчистую евреев и сожру их, если будет воля Аллаха», а маленькой девочке он говорит: «Евреи - одни из самых злых существ, варварские обезьяны, жалкие свиньи». Какая красивая картина...

18 апреля 2008 г. на телеканалах Хамаса «Аль-Акса ТВ» несся бред, что Холокост на самом деле был «сионистским заговором с целью избавиться от евреев с ограниченными возможностями и параличом нижних конечностей» и привлечь сочувствие мира, «дав впечатление, что евреев преследовали».

Опять же, в Memri TV, организации, которая переводит на английский язык арабские и мусульманские средства массовой информации, несведомых палестинских детей заставляют произносить в стиле dolce stil novo такие фразы, как «Я буду стрелять в евреев» или «Евреи и христиане низшие люди».

Но что могут сказать дети, если взрослые, даже по телевидению, возможно, бредят хуже?

В интервью телеканалу «Аль-Акса» 9 апреля 2008 г. министр культуры Хамаса Аталлах Абу Аль-Субх бредил: «Протоколы сионских мудрецов представляют собой веру, которую каждый еврей таит в своем сердце».

27 июля 2010 г. Memri TV сообщил палестинцам этот настоящий концентрат лжи:

«Дорогие возлюбленные, мечеть Аль-Акса [в Иерусалиме – примечание автора] подвергается жестокой кампании иудаизации и заражения со стороны самых грязных существ, созданных Аллахом: евреев.[...] Сегодня мы видим, как братья обезьян и свиней разрушают дома, внутри которых еще есть жильцы, выкорчевывают деревья на своей земле, убивают женщин, детей и стариков [...]».

Как мы уже видели и еще увидим, все было как раз наоборот.

• • • •

Что написано пером...палестинским

Теперь предоставим слово официальным документам палестинских организаций и формирований (читай – террористических).

Устав ООП 1964 г., обновленный в 1968 г., по сегодняшний день серафически указывает на цель организации: «уничтожение Государства

Израиль». В письме от 22 января 1998 г., направленном американскому президенту Клинтону, Ясир Арафат пообещал, что эта часть будет удалена. Угадайте? Ну да, эта цель по-прежнему красуется на своем месте.

В 1993 г., с обычным лицемерием, в тот же день, когда Арафат подписал Декларацию принципов в Белом доме произнеся слова мира, на иорданском телевидении он пошел в атаку:

«Поскольку мы не можем победить Израиль в войне, мы должны делать это поэтапно. Мы возьмем столько территорий Палестины, сколько сможем, установим над ними суверенитет и будем использовать их как отправную точку для захвата еще большего. Когда придет время, мы сможем присоединиться к другим арабским странам в последнем нападении на Израиль».

Ненадежный, как всегда.

Но как официально родилась ООП? В январе 1964 г. Лига арабских государств, собравшаяся в Каире под руководством Насера, решила создать унитарную ассоциацию палестинцев. 29 мая того же года 422 члена палестинской арабской общины создали ООП и связанную с ней вооруженную силу – Армию освобождения Палестины.

А менее известный вариант истории?

Ион Михай Пачепа, бывший глава румынской секретной службы Румынская Секуритате, в своей книге «Наследие Кремля» рассказывает, что в 1964 году их вызвали на совместное заседание КГБ в Москве, потому что «необходимо было переопределить борьбу против Израиля, считавшегося союзником Запада в холодной войне, которую мы вели». ». Именно тогда и был придуман и «палестинский народ», и его фантомная национально-освободительная борьба, как уже случалось с подобными в мире в 60-70-х годах, также по воле СССР. lotta di liberazione nazionale come già avvenuto per altre similari nel mondo degli anni 60 e 70, volute sempre dall'URSS.

В преамбуле Московской Хартии ООП «палестинцы» впервые названы этим термином; до этого он никогда никем не употреблялся, кроме как для идентификации самих евреев.

На роль лидера ООП присутствовавшие сирийские спецслужбы предлагали своего человека Ахмеда Шукайри (также агента влияния КГБ), который по совпадению победил Ясира Арафата. Но сочтя его неподходящим, для очарования особенно молодежи был придуман новый «Че Гевара» де ноантри (местный), то есть Арафат (борода и одежда искателя приключений).

В статье в National Review Online бывший шпион добавляет:

«Как сказал мне председатель КГБ Юрий Андропов, миллиард противников может нанести Америке гораздо больший ущерб, чем несколько миллионов. Нам нужно было привить ненависть к евреям в нацистском стиле во всем исламском мире и превратить эмоции в кровавую бойню терроризма против Израиля... Исламский антисемитизм быстро распространится. Мусульмане склонны к национализму, шовинизму и виктимологии. Их неграмотные угнетенные толпы могут быть возбуждены до кульминации».

И еще:

«В середине 70-х годов КГБ приказал моей разведывательной службе, DIE, вместе с другими родственными службами в Восточной Европе прочесать страну в поисках доверенных партийных активистов из различных исламских этнических групп для экспорта... наследственного отвращения к евреям, которое испытывали люди в этой части мира

И сколько их было в итоге?

«По приблизительной оценке, полученной из Москвы, к 1978 г. советский разведывательный блок направил в исламский мир около 4000 таких агентов влияния. В середине 70-х ... мы также выпустили фальшивый документальный фильм, сфабрикованный КГБ, на арабском языке, в котором утверждалось, что Израиль и его главный покровитель, Соединенные Штаты, являются сионистскими странами, стремящимися превратить исламский мир в еврейскую колонию».

Мухаммад Абд ар-Рахман Абд ар-Рауф Арафат аль-Кудва аль-Хусейни, более известный как Ясир Арафат, был пятым из семи детей, родившимся в семье торговца текстилем 24 августа 1929 г. Согласно самому Арафату и другим источникам, он якобы родился в Иерусалиме; однако французские биографы Кристоф Болтански и Джихан Эль-Тахри сообщили, что он родился в Каире, в Египте, и именно там было зарегистрировано его свидетельство о рождении. Палестинское академическое общество по изучению международных отношений также указывает его место рождения как Каир. Но для того, чтобы Арафат возглавил ООП, ему пришлось бы стать палестинцем, следовательно, КГБ обучил его в своей школе специальных операций в Балашихе, городе к востоку от Москвы. Пачепа, который, заметьте, был высокопоставленным офицером разведки из бывшего советского блока, вспоминает, что у него в руках было досье Арафата:

«КГБ уничтожил официальные документы, подтверждающие рождение Арафата в Каире, заменив их фальшивыми документами, из которых вытекало, что он родился в Иерусалиме и, следовательно, был палестинцем по рождению».

И это не все:

«Затем отдел дезинформации КГБ приступил к работе над четырехстраничной листовкой Арафата под названием «Фаластинуна» («Наша Палестина»), превратив ее в 48-страничный ежемесячный журнал палестинской террористической организации «Аль-Фатх». Арафат возглавлял «Аль-Фатх» с 1957 г. КГБ распространял его по всему арабскому миру и в восточной Германии, где в то время проживало множество палестинских студентов». В 1969 г., во время первого саммита «Черного террористического интернационала», пропалестинской неофашистской организации, финансируемой КГБ и ливийским лидером Муаммаром Каддафи, КГБ попросил Арафата объявить войну американскому «империал-сионизму». Кто знает, что думал СССР об этом и о том факте, что в брошюре «Коммунизм в Израиле», опубликованной АИК в 1958 г., как раз перед поворотом на 180 градусов в израильском вопросе, решенном СССР, антиизраильтяне хвастались тем фактом, что все арабские страны считали коммунистическую партию незаконной и что единственной страной на Ближнем Востоке, в которой последняя была принята, был Израиль...

Среди различных брошюр, напечатанных АИК и за свой счет, особый интерес для нас представляет брошюра 1960 г., озаглавленная «Иммиграция в Израиль: угроза миру», в которой мы можем прочитать такие образцовые высказывания, как: «Сегодня с помощью терроризма и угроз войны сионисты хотят расширить свои территории, в том числе за счет увеличения иммиграции. ... Арабы смотрят на (еврейских) иммигрантов из Восточной Европы как на потенциальную опасность проникновения коммунизма на Ближний Восток. [...] Недавний опыт подчеркнул опасность коммунистических извращений и прояснил угрозу, которую они представляют для арабских государств».

Без слов. Помните федаинов? Так вот, с начала 1965 г., подражая именно им, боевики новой организации начали теракты, хотя, правда, с переменным успехом.

На протяжении десятилетий Арафат оказался типичным яростным сторонником принципа «вооружимся и поезжайте». Например, 26 января 2002 г. он подстрекал к атакам смертников:

«Палестинский народ не позволит себя запугать израильскими танками и самолетами: миллион мучеников готов идти маршем в сторону Иерусалима». Он, как известно, нет; он оставался дома и наблюдал за ними. 5 февраля 2002 г. перед израильскими журналистами, распахнув окно и указав на стоявший израильский танк, он заявил: "Вы его видите? Если бы только снаряд мог вылететь и поразить этот офис, я бы наконец умер как шахид».

Но как ни странно, он даже не приблизился к добровольной смерти.

Недовольный, 29 марта 2002 г. в эфире «Аль-Джазиры» он возобновил с презрением к смешному: «Я молю Бога стать мучеником. Я хочу быть мучеником, мучеником, мучеником! Я не лучше любого палестинского ребенка, погибшего за наше дело».

ООП, отчасти по его вине, всегда делала неправильный выбор (из-за которого палестинцы голодали), например, когда она поддержала Ирак против Запада, объединившегося вместе с Кувейтом; это лишило их экономических средств к существованию от Саудовской Аравии и Эмиратов, а также стало причиной, как уже писалось, изгнания сотен тысяч палестинцев из Кувейта. В результате вдвое сократились денежные переводы семьям на оккупированных территориях (около 400 миллионов долларов в год).

Хорошо это или плохо, но ООП должна была объединить всех арабов, а вместо этого Иордания и Сирия также заявили права на территории и устроили резню против самих палестинцев в 1970 г. во время «Черного сентября» и в мае 1983 г. в долине Бекаа и в Триполи.

А Хамас, основанный 9-10 декабря 1987 г., буквально означает «пыл» и «мужество» на арабском языке, а также является аббревиатурой от «харакат аль-мукавма аль-исламия», то есть «Исламское движение сопротивления». Но давайте возьмем, лучший палестинский цветок, ту антологию грубых ошибок, которой является Устав Хамаса.

Ст. 22 бредит о силах, которые поддержали врага, «стояли за Французской революцией и Русской революцией, а также за многими революциями, о которых мы слышали тут и там в мире... Этими организациями являются масоны, Ротари-клуб, Клубы Львов, Бней-Брит и другие».

Ну хотя бы угадали одно! Но вершина абсурда достигается, где этот документ утверждает, что враги Хамаса сформировали «Организацию Объединенных Наций с Советом Безопасности внутри этой Организации, посредством которой они доминируют в мире». Именно те организации, которые санкционируют, как мы увидим – в одностороннем порядке – почти исключительно Израиль.

Прежде всего, очевидна дальновидность ст. 32: «Сионистская схема не имеет границ, и после Палестины она будет стремиться расшириться от Нила до Евфрата». А случилось прямо противоположное - постоянное отступление Израиля со все большей и большей территории. Это не сложно, они тоже это могут (может быть)...

Хамас берет свое начало от Братьев-мусульман во время первой интифады и все чаще выходит на сцену на так называемых оккупированных территориях с террористами-смертниками, которые нападают с криком «Только джихад может решить проблему Палестины», сопровождаемый гнилыми цитатами из «Протоколов сионских мудрецов». В его листовках мы читаем «приторные голоса» и надоедливый писк типа «евреи, братья обезьян и убийцы пророков».

Напомним, что Хамас является суннитом, но тем не менее - невероятное чудо - с 1992 г. он финансировался Тегераном с бюджетом в 10 миллионов долларов на радио и телевидение, чтобы они могли плохо говорить перед арабским миром (против евреев). Новобранцы Хамаса проходят подготовку в школьном лагере Имама Али в Каранги (недалеко от Кума) и на территории комплекса Бейт аль-МаКдер (также расположенного недалеко от Кума).

А «Хезболла» является политической и военной группировкой чисто шиитской с центром тяжести в Ливане.

Посмотрите на графические различия, чтобы понять, на чьей стороне насилие. На логотипе Хамаса изображены два меча, на логотипе Хезболлы изображен автомат, на логотипе Аль-Фатха опять изображено оружие, а именно две винтовки. А... что Израиль? Две оливковые ветви.

На что оказались способны палестинцы? В период с 1968 по 1977 г. они угнали или попытались угнать 29 самолетов и установили мрачный рекорд, будучи первыми, кто атаковал авиалайнеры с помощью стрелкового оружия и ракет, кто взрывал авиалайнеры в полете с использованием временных или альтиметрических детонаторов, убивал граждан, находящихся на регистрации и в залах ожидания аэропортов, похищал одного за другим многочисленных заложников в отелях и местах встреч, отравлял продукты питания (израильские апельсины, предназначенные для европейского потребления, для точности).

А что сказать насчет нового «дрона-смертника» Хамаса, новой большой ракеты, способной покрыть расстояние в 250 км, или того факта, что этим террористам удается запустить до 140 ракет за несколько минут, чтобы помешать «Железному куполу», о котором мы скоро поговорим, перехватить их всех? Короче говоря, в 2021 г. по Израилю было выпущено более 4500 ракет из Газы, 2 из Сирии и 31 из Ливана. К счастью, 90% были перехвачены «Железным куполом». Ракетами с дистанционным наведением «Корнет» им удалось уничтожить автобус с мирными жителями внутри, убив их. «Айяш», построенные с помощью Ирана, имеют дальность действия 500 км.

ХАМАС постыдно использует жилые районы в качестве опорных пунктов, прячет оружие в школах и мечетях, использует больницы и машины скорой помощи в качестве транспортных средств, использует животных в качестве террористов-смертников, строит туннели для проникновения в Израиль и совершения террористических атак. С 2001 г. в сторону Израиля было выпущено 12 800 ракет.

Уточним: ракета «Кассам» стоит 800 долларов каждая. Что обо всем этом думают антимилитаристы? Никаких «если» и «но»?

• • • •

«Арафат-загребущий», лидер арабской коррупции

Это клише, но в то время как народ умирает от голода, (палестинские) лидеры и их приближенные живут в роскоши и эксплуатируют повальную коррупцию.

Действительно, кувейтская газета «Аль-Ватан» получила информацию от филиала Арабского банка в Каире, который в начале июня 2002 г. зарегистрировал перевод на сумму 5,1 миллиона долларов, пришедший из Фонда помощи США, на личный счет Арафата. Сам палестинский лидер, среди прочего, вложил значительные суммы в акции Coca Cola в Рамалле, а также приобрел значительную долю в тунисской компании мобильной связи, а также 15% акций Jordanian Cement Company, капитальных фондов риска в США и на Каймановых островах. Затем Международный валютный фонд (МВФ) провел аудит Палестинской национальной администрации (ПНА) и обнаружил, что Арафат перевел 900 миллионов долларов государственных средств на специальный банковский счет, контролируемый лидером и главным экономическим финансовым советником ПНА.

А что здесь странного? Не случайно в выпуске 2003 г. американский журнал Forbes поставил Арафата на шестое место в рейтинге миллиардеров, в категории «правители и властители» – всего на две позиции ниже королевы Великобритании – приписав ему личное состояние в 300 миллионов долларов. Жаль, что их было много, намного больше (по крайней мере, миллиард долларов). Из них треть наличными разбросана между Женевой, Кипром, Бейрутом, Дубаем, Тунисом и Амманом.

Руководитель расследования ПНА сообщил, что «хотя деньги для кошелька поступали из государственных фондов, таких как палестинские налоги, практически ни один из них не был использован для палестинского народа; все это контролировалось Арафатом. И ни один из этих отчетов не был обнародован». Глава ООП также распределил средства высокопоставленным чиновникам ПА на личные нужды, в т. ч. 50.000 долларов на свадьбу дочери министра Набиля Амара, вдвое увеличил расходы на жизнь сына министра Набиля Шаата, который учился во Франции, и 100.000 долларов заместителю министра информации для строительства дома. Повторяем, это была иностранная помощь, направленная нуждающимся палестинцам.

Уже упомянутый румынский агент 007 подтвердил, что он постоянно поставлял Арафату около 200.000 долларов наличными - ежемесячно - в 70-х годах; Он каждую неделю отправлял в Бейрут также два грузовых самолета, полных обмундирования и припасов.

В 2004 году Суха, жена Арафата, получила весьма разумную пенсию и целых 22 миллиона долларов от ПНА в обмен на ее сотрудничество в расследовании, возбужденном против ее мужа.

Чуть... трезвее выглядит человек в туфлях за 25.000 долларов, то есть Абу Мазен. Достаточно взглянуть на его самолет за 50 миллионов долларов, купленный на средства ПНА, и на его особняк за 17 миллионов долларов. Махмуд Аббас имеет активы на сумму более миллиарда долларов, и поэтому понятно, почему ему удалось удержать своих избирателей от голосования до такой степени, что его 4-летний мандат продлился 17 лет до сего времени!

А другие? Может быть, даже хуже. Абу Ала завершил строительство виллы в Иерихоне стоимостью 1,5 миллиона долларов. Квитанция, полученная газетой «Jerusalem Post», доказывает, что министр иностранных дел ПНА Рияд аль-Малики и глава Службы общей разведки Маджед Фарадж в марте 2018 г. останавливались в отеле Four Seasons в Балтиморе, получив счет на сумму 14.250 долларов. Весь счет был оплачен делегацией ООП в США. Расходы Фараджа включали 900 долларов на «разные расходы» (кто знает, какие именно), плюс несколько блюд в номер, в том числе 140 долларов на завтрак, а также ночную закуску, всегда приносимую в номер, стоимостью 91 доллар. Какой голодный!

В июле 2014 г. египетский журнал Rose al-Yusuf сообщил, что бывший премьер-министр Исмаил Хания из Хамаса, родившийся в лагере беженцев Шати, заплатил четыре миллиона долларов за дом площадью 2500 кв. м в Римале, роскошном приморском районе города Газа; чтобы не бросалось в глаза, операции проводил другой член семьи. А один из его сыновей был остановлен в Рафахе с чемоданом, в котором находился миллион долларов наличными. Еще одним основателем Хамаса, который не сдерживает себя в образе жизни, является Айман Таха: в 2011 г. ему удалось купить трехэтажную виллу в центре Газы за 700 тысяч долларов.

Атака СМИ на Хамас на эту тему исходила, по совпадению, вовсе не со стороны западных СМИ, а со стороны египетского обозревателя Джаледа Машаля:

«Покиньте свой отель в Катаре и отправляйтесь сражаться в Газу». И добавил: «Мы не будем голодать, пока вы вкушаете прелести столов в Дохе».

В статье под названием «Газа — это не Хамас», опубликованной известной газетой «Аль-Гумхурия», аналитик Нагла Аль-Сайид определил Хамас, также из-за его коррупции, как «движение слабоумных и неудачников».

Именно поэтому опросы, проведенные в декабре 2020 г., показывают, например, что 86% считают, что институты ПНА коррумпированы, а подавляющее большинство (66%) палестинцев хотят, чтобы Аббас ушел в отставку.

И все это в то время, как палестинский народ умирает от голода или отсутствия ухода. Поразительно, что подпись врача или вообще органа здравоохранения является самым ценным товаром на Западном Берегу и в секторе Газа. Эта подпись позволяет пациентам получать бесплатную медицинскую помощь в Израиле и других странах; в противном случае палестинские пациенты могут получить эти разрешения, чтобы получить медицинскую помощь в Израиле и в больницах по всему миру, только заплатив взятки высокопоставленным палестинским чиновникам на Западном Берегу и в секторе Газа. Тех, кто не может себе этого позволить, оставляют умирать в плохо оборудованных и недоукомплектованных больницах, особенно в секторе Газа.

Более того, похоже, что более 70% случаев перевода в израильские больницы (и за границу) никогда не были задокументированы, и неясно, как и куда были потрачены деньги. Например, в 2013 г. ПА потратила более полумиллиарда шекелей на покрытие медицинских расходов палестинцев, переведенных в больницы за пределами палестинских территорий, но нет никаких следов того, как (и кем) они были потрачены. ПНА утверждает, что в 2014 г. более 54.000 палестинцев из сектора Газа были переведены в больницы за его пределами; но, опять же, органы здравоохранения Газы заявляют, что им известно только о 16.382 случаях пациентов, получивших такие разрешения.

Палестинская коалиция за подотчетность и честность (Аман), палестинская группа, активная в области демократии, прав человека и надлежащего управления и, следовательно, против коррупции, опубликовала отчет, подтверждающий расхождения в стоимости медицинского обслуживания в Израиле (и других больницах) и реальных расходах. Например, в одном случае выяснилось, что 113 палестинских пациентов были госпитализированы в израильские больницы на сумму 3 миллиона шекелей без каких-либо документов, подтверждающих это; личности пациентов также были неизвестны. В других случаях, согласно отчету, пациенты могли получить медицинскую помощь на месте без необходимости нести дорогостоящие расходы на перевод в другие больницы.

Наджат Абу Бейкер, член Законодательного совета Палестины, принадлежащего Аль-Фатху, фракции президента ПА Махмуда Аббаса, назвала коррупцию в департаменте ПА, ответственном за перевод пациентов за границу, «мафией, возглавляемой влиятельными фигурами». В конце Абу Бейкер обвинила министерство в эксплуатации бедных жителей сектора Газа и растрате государственных денег. Чего ПА не хочет для этих палестинских граждан, делает Израиль, который позаботился о том, чтобы в израильских больницах были приняты не только все сирийцы, раненые Асадом, или больные из секторе Газа, но и сами семьи людей.

Во время интифады, когда Хамас тысячами убивал израильских мирных жителей, в 2012 г. трехлетняя дочь министра внутренних дел Хамаса Эльхама Фатхи Хаммада перенесла в Аммане неудачную операцию на сердце: ее в тяжелом состоянии доставили в больницу Барзилаи в Ашкелоне и врачам удалось ее спасти. В ноябре 2013 г. лечение в Израиле получила маленькая внучка Исмаила Хании, лидера Хамаса; Амаля Хания была переведена в израильскую больницу из-за тяжелой инфекции пищеварительного тракта, поразившей ее нервную систему, и где было сделано все возможное, чтобы спасти ее. А тринадцатилетняя дочь Исмаила Хании также лечилась в больнице Тель-Авива в октябре, через несколько недель после окончания конфликта летом 2014 г. от осложнений после плановой операции в Газе. Жену Абу Мазена тоже прооперировали – и это правильно – как говорится, в бархатных перчатках, что явно противоречит его литании о том, что израильтяне – убийцы.

Даже они не верят тому, что говорят.

Этот пример даст представление о том, что такое Израиль. Во время второй интифады Арье Эльдад, тогда известный дерматолог, а позже член Кнессета от правой партии, когда в больницу доставили молодого террориста, сильно обгоревшего в результате нападения, приказал лечить его многократной трансплантацией кожи в течение длительного периода. Когда администрация больницы попросила его закончить лечение, Эльдад отвез его кровать в кабинет директора и пригрозил сидячей забастовкой. Это происходит, и не всегда, только в (истинных) демократиях.

Глава 4 – (Не)легитимная защита

Израильтянин, смелее, дай себя убить

Как Израиль реагирует на такую ненависть? С золотым эллипсом ракет *Киппат Барзель, Железным куполом* или так называемым *Iron Dome*, созданным в 2007 г.; это очень сложная система обороны, которая эффективно защищает израильское гражданское население.

В отличие от *Хамаса*, когда ЦАХАЛ реагирует на атаки палестинцев, он заранее заботится о том, чтобы предварительно позвонить по домам и отправить СМС о приближении ракет, сбрасывает «предупредительные бомбы» и листовки, а также сообщения на арабском языке; он даже может отказаться от атаки, если заметит поблизости мирных жителей, несмотря на то, что израильский самолет рискует быть сбитым за отмену атаки, из-за этой неспособности защитить себя. Часто используется «стук по крыше», т. е. безвредная, но очень шумная ракета предупреждения, чтобы в ожидании настоящих атак позволить гражданскому населению удалиться или спрятаться; в любом случае ответы Израиля всегда стараются быть точными до миллиметра.

Кроме того, есть медобслуживание, предлагаются лекарства и медицинское оборудование палестинским коллегам для больных и раненых палестинцев, но *палестинский апартеид*... против цивилизации часто отвергает их. Израильский Красный Крест (MDA) предоставил пакеты с кровью и плазмой, но *Хамас* опять же бесстыдно сказал нет.

В любом случае, только в 2020 г. Израилю в конечном итоге удалось передать (включая материалы от международных организаций) 110 аппаратов ИВЛ, 170 мониторов, 109 кислородных генераторов, 87 коек интенсивной терапии, 86 больничных коек, 2.313.050 хирургических масок, 312.724 масок N95, 6.967.823 хирургических перчаток, 248.544 набора для ПЦР и еще 244.500 наборов для тестирования.

Израильская армия создала полевые госпитали на границе с сектором Газа, где раненым палестинцам можно оказать помощь в течение 48 часов; также сотни палестинских пациентов были доставлены на машинах скорой помощи в больницы для оказания медицинской помощи. Учтите, что, когда израильская армия принимала активное участие в изгнании террористов из лагеря беженцев в Дженине, они предусмотрительно поддержали работу больницы с помощью генератора, который срочно доставил под огнем лично израильский офицер, рискуя своей жизнью. Сами израильтяне способствовали прохождению материалов для строительства больницы в Калькилье или продовольствия и медикаментов для Вифлеема, Муасси и Хан-Юниса; они даже помогали доставлять продовольственные карточки, присланные международной благотворительной организацией, жителям Азуна или Красного Креста в Сальфите; например, они также способствовали безопасному проезду в Калькилью всей израильско-арабской семьи из Восточного Иерусалима, которая должна была присутствовать на свадьбе их сына.

А что ответить на палестинскую *мантру*, распространенную СМИ по всему миру, о применении Израилем «непропорциональной» силы? Боже мой, эти профессионалы «новостей», далеких от фактов, избегают сказать, что, когда военный кодекс требует *«соразмерности»,* речь идет не о количестве убитых, а о военной ценности цели. Конечно, бывает, что израильтяне причиняют больше жертв, чем их враги, но в некоторых случаях это законно и естественно; давайте объясним почему. Если объект таит в себе серьезную опасность, во избежание гибели гражданских лиц, которых я защищаю, я уполномочен – в соответствии с действующими законами – нанести удар по нему, даже если это, в свою очередь, приведет к жертвам гражданских лиц другой стороны. Давайте прочитаем, что гласит ст. 51 1-го протокола Женевской конвенции 1977 г.: согласно этому диктату считается неизбирательным только

«нападение, которое, как можно ожидать, попутно повлечет за собой потери жизни среди гражданского населения, ранения гражданских лиц и ущерб гражданским объектам, или то и другое вместе, которые были бы чрезмерны по отношению к конкретному и непосредственному военном преимуществу, которое предполагается таким образом получить». Или, по вашему мнению, господа, Израиль должен позволить убивать своих граждан, чтобы защитить жизни палестинских граждан? Или когда палестинские террористы взрывают торговый центр в Израиле, что приводит к сотням и сотням жертв, должны ли израильтяне подражать им, используя «пропорциональную» силу, в палестинском торговом центре?!?

Хорошо, что бы знали, что когда толпа нападает на израильскую полицию и солдат, они - самое большое - имеют право в соответствии с действующими внутренними законами стрелять резиновыми пулями и только в случае опасности для жизни настоящими пулями. И все это при том, что палестинцы используют минометы и противотанковые ракеты, хотя, по соглашениям Осло, единственным оружием, разрешенным в районах, контролируемых палестинцами, должны были быть только пистолеты, винтовки и пулеметы, которые, между прочим, могли быть только в руках сотрудников службы безопасности.

Израиль делает все возможное, чтобы создать буферную зону на своих границах еще и потому, что более двух миллионов арабов проживают на Западном Берегу, в городах и лагерях беженцев; следовательно, прямо возле Тель-Авива и Иерусалима. Самолет, вылетающий из аэропорта Аммана, прибывает в Иерусалим через две с половиной минуты! С 90-х годов государству пришлось бронировать дома, школы, автобусные остановки тяжелыми бетонными щитами и укреплять помещения; подарить семьям противоракетный комплект — солидный буклет, в котором даны практические и психологические инструкции о том, как вести себя в случае ракетного нападения. Также предусмотрены убежища в районах вблизи границы с сектором Газа, для предотвращения нападения *Хамаса* на население; все это стоило несколько миллиардов долларов, но оно того стоило.

Сегодня мы, похоже, живем в парадоксе: Израиль «виновен» в защите гражданского населения, как того требуют международные нормы, а *Хамас* «жертва», нарушая те же самые законы.

Всем, кроме антиизраильских трубачей всего мира, очевидно, что *Хамас* не заботится о жизни палестинцев; с 2007 года в секторе Газа он, как известно, прикрывает себя телами невинных гражданских лиц. (Будущий) министр внутренних дел Фатхи Хамад еще 29 февраля 2008 г. признал, что большинство людей, погибших в ходе боевых действий, были террористами, а не зрителями, и что *Хамас* фактически использовал мирных жителей в качестве щитов.

Террористическая организация, по сути, трусливо размещает свои военные сооружения, стартовые площадки, ракетные склады, командные центры именно в наиболее густонаселенных районах, что является настоящим военным преступлением, поскольку таким образом они подвергают опасности мирное население.

Давайте еще раз прочитаем, что гласит Четвертая Женевская конвенция в ст. 28: «Присутствие гражданских лиц не может быть использовано для того, чтобы сделать определенные места или районы невосприимчивыми к военным операциям».

И опять же, ст. 58 Протокола 1 Женевской конвенции 1977 года, также подписанной Палестинской национальной администрацией, подтверждает, что гражданское население должно быть удалено от военных объектов, либо последние не должны быть расположены в густонаселенных районах.

И миф о том, что *Хамас* не смог этого сделать, потому что сектор Газа слишком перенаселен, не соответствует действительности, хотя мистификация режима пытается возродить его на каждом шагу. Помимо того, что научно доказано, что это ложь о том, что эта территория является одной из самых густонаселенных на планете, пространство там такое же, как, например, во многих районах, где раньше были еврейские поселения.

Помимо прочего, давайте вспомним, что после Осло Израиль передал ПНА почти всю гражданскую власть, то есть 98% палестинского населения Западного Берега и сектора Газа.

Итак, проблема снова ложная и надуманная; используя «неосиноним», мы могли бы сказать, что это... «палестинская» проблема.

· · · ·

«Стена» фальши

Давайте сломаем «стену» еще одной сказочной истории, как вы думаете? Правительство Шарона с лета 2002 г. начало строительство *разделительного барьера* с Западным берегом для предотвращения террористических атак. Действительно, в период с 2000 по 2005 г. пострадали автобусы, театры, рестораны, пиццерии и торговые центры, в результате чего погибло 1400 мирных жителей и более 6000 получили ранения. Из последних многие тогда были серьезно покалечены, поскольку они получили ожоги по всему телу, остались без конечностей или стали нервными больными. Символичным является город Калькилия в Палестине в 15 км от Тель-Авива, который использовался террористами-смертниками как плацдарм для своих ужасных атак. С появлением так называемой «стены», наоборот, количество актов насилия сократилось на целых 99%. Но давайте проверим, является ли правдой сказанное с позорным единодушием.

Неверно, что это сплошная бетонная стена (высотой от 4 до 8 м), наоборот, она присутствует только на наиболее опасных участках границы между Израилем и территориями (около 10%), т.е. на участках, проходящих вдоль улиц и дорог, где палестинские снайперы стреляли по проезжающим машинам. А оставшиеся 90% Охранного ограждения представляют собой даже не электрифицированный барьер, как дезинформируют, а скорее змеевидную защитную сетку, металлический барьер, оснащенный электронными датчиками, которые сигнализируют о любых попытках вторжения.

Кстати, он препятствует въезду (в Израиль), а не выезду (с палестинских территорий). Конечно, когда стало понятно, что барьер охватывает или изолирует на своем пути примерно 7–11% арабской территории, как это происходит в полных демократиях, Верховный суд Израиля несколько раз вмешивался, чтобы исправить это; например, в июне 2004 г. его перенесли ближе к границе прекращения огня 1967 г. Более того, сами палестинцы обратились в Верховный суд, даже не будучи гражданами Израиля и, следовательно, обладателями этого права, и были выслушаны, добившись изменения маршрута в районе недалеко от Иерусалима. Со временем были внесены с изменения и барьер включил лишь 7% территории Западного берега в израильскую сторону, так что примерно 99% палестинцев в этих районах находятся с палестинской стороны защиты. Это сделано, чтобы защитить свои деревни, и в любом случае ясно что, земля остаётся собственностью владельцев; она используется только в целях военной безопасности. Естественно, каждый может оспорить решение в суде, и Израиль делает все возможное, чтобы фермеры могли продолжать обрабатывать заинтересованные участки земли, а также гарантирует безопасный проход людей и товаров; деревья будут пересажены, как это уже произошло с 60.000 оливковых деревьев. Очевидно, что, когда будет достигнуто окончательное соглашение, барьер будет немедленно снесен (о чем всегда заявляло Государство Израиль). Имейте в виду, что все эти меры предосторожности излишни, поскольку – мы повторяем это еще раз – линия, разделяющая Западный Берег, Газу и Израиль (так называемая «Зеленая линия»), представляет собой всего лишь линию прекращения огня, санкционированную Родосским перемирием, подписанным в 1949 г. Израилем, Иорданией и Египтом, но это не международно признанная и, следовательно, обязательная граница.

Какой скандал – «стена», которую захотели израильтяне, правда? А как насчет - настоящих - Таиланда с Малайзией, построенной в 2006 г., между Узбекистаном и Таджикистаном, оснащенной датчиками и видеонаблюдением, Узбекистана с Кыргызстаном с осени 1999 г., и электрифицированного забора, который захотела Ботсвана в 2003 г. с Зимбабве?

Будьте терпеливы, список настоящих стен длинный, очень длинный. На деле, существует так называемая *стена рохинджа*, забор из колючей проволоки вдоль границы с Бангладеш, строительство которого Мьянма почти завершает. Если вы хотите иметь полное представление, я вам заранее сообщаю, что сегодня в мире около 70 стран строят или уже построили стены и оборонительные барьеры. Продолжим список, злоупотребляя вашим терпением.

В 1989 г. Индия выступила инициатором строительства стены с Пакистаном (так называемая *линия контроля*) протяженностью 1800 миль на спорной территории Кашмира, а также стены с Бангладеш; С сентября 2005 г. Пакистан блокирует прибытие талибов и боевиков *Аль-Каиды* из Афганистана (так называемая *линия Дюрана*). Малоизвестной является Стена безопасности Квебека, барьер длиной около 4 км из бетона, колючей проволоки и листового металла, построенный в 2001 г. для Саммита Америк. Зато известны Сеута и Мелилья, которые с 1990 года представляют собой два испанских анклава на территории Марокко с двумя электрифицированными заборами из колючей проволоки длиной 8 и 12 км соответственно. Это два отдельных ряда заборов, в каждом из которых находится дорога, патрулируемая днем и ночью и охраняемая специальными электронными датчиками и инфракрасными камерами; эти две сети изолируют каждый из двух городов и фактически отделяют их от остальной части Марокко. В свою очередь, Марокко, чтобы не отставать, построило стену Западной Сахары, также известную под названием *«Берма»*. Этот барьер, построенный в 1987 г. и имеющий длину 2.700 км, представляет собой комплекс из восьми оборонительных стен, состоящих из *бункеров*, рвов, камней, песка, колючей проволоки и самого длинного в мире сплошного минного поля с примерно 6.000 противопехотных мин; Это самая большая оборонительная стена после Китайской стены. В 2014 г. Марокко также начало строить стену с Алжиром. Стена между Северной Кореей и Южной Кореей (так называемый *«барьер 38-й параллели»*) также хорошо известна.

И Европа ничем не отличается. В цивилизованной Ирландии хорошо видны барьеры в Белфасте, сделанные из кирпича, железа и стали, отделяющие католические кварталы от протестантских (так называемые *линии Мира*). А Кипр? В 1974 г. после турецкого вторжения он был разделен на две части, и стена длиной 180 км разделила его с востока на запад. А между Грецией и Турцией также построен 40-километровый барьер, чтобы предотвратить прибытие нелегальных иммигрантов, особенно из Афганистана. Даже западная Голландия возвела забор вокруг *Хук ван Холланда* с целью помешать нелегальным иммигрантам покинуть территорию порта. Стена против нелегальной иммиграции между Болгарией и Турцией, строительство которой началось в 2014 г., состоит из 30-километрового металлического забора с колючей проволокой и камерами для борьбы с нелегальной иммиграцией в Болгарию, на границе с Турцией (построено при финансовой поддержке Евросоюза). А в 2014 г. планировалось построить новый барьер длиной почти 2.000 км в Украине, где губернатор Днепропетровской области олигарх Игорь Коломойский уже представил проект, финансированный самим магнатом, для торможения въезда пророссийских сепаратистских ополченцев на востоке Украины. Насколько актуальна эта новость... А как насчет Венгрии, которая хотела построить стену высотой 4 метра и длиной 175 километров против беженцев, мигрантов, бегущих с востока и юга мира?

А в арабских зонах? Ирак установил с Сирией стену из 7,1 тонн бетона секциями высотой 12 футов; Египет воздвиг против палестинских «братьев» из Газы высокую стену с колючей проволокой и рвом, наполненным водой, чтобы предотвратить их проникновение. С 1991 года есть стена между Ираком и Кувейтом; в Багдаде находится Багдадская стена в районе Садр-Сити, построенная армией США после падения режима Саддама Хусейна, фактически отделяющая шиитский район от остальной части города. А еще есть такая в Иране, построенная в 2006 г. в сотрудничестве с Турцией, было также начато строительство пограничной стены Хаджи Омрана вдоль границы с Ираком, с целью блокировать вторжение курдов на иранскую территорию. А знаете ли вы об ирано-пакистанской стене длиной 700 км, построенной в 2007 г. для защиты границы от проникновения пакистанских торговцев наркотиками и суннитских вооруженных группировок? Чтобы не отставать, есть стена Саудовской Аравии с Йеменом (из-за гражданской войны), и саудиты построили одну стену с Ираком в 2006 г., есть стены даже внутри самой Сирии. Турция построила одну в южной провинции Александретта, которая формально относилась к Сирии и, следовательно, является спорной территорией. В 2022 г. Объединенные Арабские Эмираты были готовы поднять стену с очень бедным Оманом. Тунис делает то же самое, строя стену с Ливией после нападения на приморский отель, в котором погибли 38 иностранных туристов. И сверхзнаменитая между США и Мексикой: 3.169 км между Тихим океаном и Мексиканским заливом в антииммиграционных целях. Кто этого хотел? Демократ Клинтон. Барьер в Рио-де-Жанейро, построенный в 2008 г., до сих пор остается позорным: стена длиной более 11 км и высотой 3 м вокруг некоторых городских фавел; похожим примером является стена Буэнос-Айреса 2009 г., забор высотой 3 м, отделяющий кварталы богатых от кварталов бедных в округе Сан-Исидро.

И Италия, как увидим, тоже воздвигла достаточно; Падуанская стена, забор длиной 80 м из листового металла и стационарных конструкций, построенный 9 августа 2006 г. мэром Дзанонато, чтобы отделить гетто Виа Анелли от других улиц района; еще одна позорная стена была возведена на седловине Сант-Освальдо, между Симоле и Эрто, после катастрофы в Вайонте, чтобы предотвратить возвращение выселенных жителей. На этом не все. Стена в провинции Кальяри, демонтированная осенью 1998 г., разделила два муниципалитета Селарджус и Куартуччу, отделив район популярных жилищ одного от престижного района другого.

Вы пришли в себя? Теперь вы поймете, насколько абсурдным кажется оспаривание использования Израилем стены - которая не является собственно стеной на 90% ее длины - конечно, не в постыдных и провинциальных антииммиграционных целях, а только по соображениям безопасности от нападений и терроризма. Даже ООН – *невероятно, но факт* – после смертоносного нападения на ее офисы в Багдаде она без колебаний установила барьер безопасности стоимостью 21 миллион долларов в своей штаб-квартире в Нью-Йорке. Да, именно та, что критикует – в одностороннем порядке – Израиль во всех сферах человеческого знания и *земного шара*.

Наконец, позвольте мне разрушить *стену*, на этот раз молчания и требования немедленной расправы, в отношении вызывающего споры *инцидента*. 11 мая 2022 г. в ходе перестрелки между палестинскими террористами и израильской армией была убита Ширин Абу Акле, палестино-американский корреспондент «Аль-Джазиры» в Дженине. Для несравненного *CNN*, и вслед за ним неизбежной *New York Times*, пуля, несомненно, была израильской, и все это несмотря на то, что даже неясно, проводилось ли на самом деле вскрытие тела бедной женщины. А баллистический тест пули, учитывая, что и ЦАХАЛ, и террористы используют М16? После всевозможных оправданий, придуманных специально, палестинцы ничего не смогли сделать, кроме как передать пулю американскому генерал-лейтенанту Майклу Р. Фензелю (представителю заинтересованного государства, учитывая, что жертва была также гражданкой США); вероятно, опасаясь, что правда может раскрыться, они предоставили пулю в таком испорченном состоянии, что любой, кто разбирается в баллистике, скажет, что она была бесполезна для какого-либо расследования. Замыкая круг: на пресс-конференции в Капитолии США Виктор Абу Акле, племянник Ширин, сказал: *«Мы хотим знать, кто нажал на курок и почему»*. Они тоже знают, что уверенности по-прежнему нет, несмотря на то, что пишут больные «палеститом», или на расчет вероятности, сделанный израильской армией 09.05.2022. Ширин Абу Акле проработала в регионе более 20 лет, и при этом ни у нее, ни у других «антиизраильских журналистов» не упал ни волосок. Но для СМИ – *ночных мстителей* (да и дневных) (всегда) виноват Израиль.

Глава 5 – Единственная демократия на Ближнем Востоке

· · · ·

Антирасизм – made in Israele

«Мы протягиваем руку всем соседним государствам и их народам с предложением мира и добрососедства и призываем их установить связи сотрудничества и взаимопомощи с еврейским народом, суверенно поселившимся на своей земле для общего блага всех.»

Что это такое? Это официальный текст Декларации Конституции Государства Израиль (межрасового, межрелигиозного, свободного и демократического). Около 21 % из более чем девяти миллионов граждан Израиля это арабы; подавляющее большинство из них - около 83% - мусульмане, 9% - друзы и 8% - христиане. Более подробно, народ Израиля происходит из более чем 100 стран (включая бахаистов, черкесов и другие этнические группы); примерно половина населения имеет происхождение из Африки, Ближнего Востока и Азии.

На национальном уровне почти 20% студентов университетов, 35% фармацевтов являются арабами, многие имеют хорошие позиции в судебной системе или в медицинских профессиях (речь идет о 12,5% врачей и 11,3% медсестер). Самые известные повара в звездных ресторанах часто являются палестинцами; тот же Сами Тамими, один из самых уважаемых шеф-поваров в мире был исполнительным шеф-поваром ресторана Lilith в Тель-Авиве (сейчас он работает в Лондоне с израильтянином Йотамом Оттоленги, вместе они написали кулинарный бестселлер «Иерусалим»). Арабы также были послами (в Финляндии Али Яхья в 1995 г.) или заместителями мэра Тель-Авива.

Более 300.000 арабских детей посещают израильские школы; во времена основания Израиля здесь не было ни одного лицея, а сейчас существуют сотни арабских школ со своей собственной языковой школьной системой. Арабы управляют всеми своими муниципалитетами, школами и религиозными судами. В Израиле есть место для всех: для доктора Сухейры Ассади, первой мусульманки, возглавившей отделение больницы в Израиле, или для ее коллеги Рании эль-Хатив, первой арабской женщины, ставшей пластическим хирургом. Футбольный капитан тель-авивского «Хапоэля»? Араб. Магали Вахаба из общины друзов даже был «исполняющим обязанности президента» Израиля из-за временной невозможности пребывания главы государства на посту. В 2022 г. в Верховный суд впервые был назначен судья-мусульманин (впрочем, он не первый израильтянин арабского происхождения, работающий там); учтите, что примерно 9% всех судей — израильские арабы (из них 4% — женщины). Один арабский судья Верховного суда Израиля отказался петь гимн Израиля вместе со своими коллегами во время церемонии инаугурации: уволен с должности, казнен? Отнюдь нет! Наоборот, премьер-министр Нетаньяху открыто выразил уважение.

Я прошу прощения за риск; из любопытства, сколько евреев на территориях, находящихся под управлением ННП? Ноль, потому что так называемые «поселенцы» проживают в так называемой зоне С и не являются палестинскими гражданами.

Говорят, что в 2018 г. арабский язык, как язык в Израиле, был понижен в рейтинге. Это не так! В том же году Кнессет принял так называемый Закон о национальном государстве, который никоим образом не изменил права использовать арабский язык повсюду (от судов до парламента). Это тоже фейковая новость.

В 2022 г. израильский араб, член парламента, был назначен генеральным консулом в Шанхае. В первом правительстве Шарона был арабский министр, друз Салах Тариф; в Израиле есть несионистская партия, такая как Маки, Коммунистическая партия Израиля, которая затем раскололась на две секции (одну для арабов и одну для евреев). Партиями, представляющими арабо-израильский мир, или полностью арабскими, являются, например, Объединенный арабский список (в него периодически входят и выходят некоторые нижеперечисленные партии), Балад, Хадаш, Раам, Тааль, Вамаб, МАДА, Тнуа Исламит и другие. На национальных выборах 2021 г. партия «Раам» стала первой арабской партией, присоединившейся к правящей коалиции. Арабы занимают 10 мест (из 120) в Кнессете 24-го созыва, четыре из которых принадлежат Рааму.

Очевидно, что расизму также нет дома в Израиле; если вы побродите по разным городам, то заметите тысячи темнокожих граждан из Эфиопии, Йемена и Индии. Нет, они не туристы; они являются гражданами этого государства. В серии воздушных перевозок, о которых мало кто помнит или хочет помнить, названных соответственно Моисей (1984 г.), Иисус Навин (1985 г.) и Соломон (1991 г.), Израиль пришел на помощь примерно 42.000 членов древней еврейской общины в Эфиопии, очень пострадавшей от засухи, которые просили, чтобы их забрали.

По поводу операции «Моисей» Уильям Сэфайр хотел подчеркнуть:

«Впервые в истории тысячи чернокожих ввезены в какую-либо страну не в цепях, а достойно, не как рабы, а как граждане».

Джулиус Чемберс, тогдашний генеральный директор N.A.A.C.P. (Национальная ассоциация содействия прогрессу цветного населения), или Фонда правовой защиты и образования, подчеркнул:

«Если бы жертвы голода в Эфиопии были белыми, многие народы, наверное, предложили бы им убежище. Но люди, умирающие от голода ежедневно в Эфиопии и Судане, — чернокожие, и в мире, где расизм официально осуждается практически всеми организованными правительствами, только одна неафриканская страна открыла свои двери и свои объятия. Молчаливая гуманитарная акция Государства Израиль, акция, предпринятая без всякого учета цвета кожи тех, кто был спасен, представляет собой гораздо более конкретное осуждение расизма, чем многие простые речи или резолюции».

Нужно ли добавлять что-то еще? С другой стороны, с 1957 по 1973 г. Израиль не только обучил тысячи африканцев, чтобы ассимилировать их во всех отношениях с другими израильскими гражданами, но были направлены в Африку также тысячи израильтян. В мае 1994 г. президент Израиля Эзер Вейцман был приглашен на историческую инаугурацию Нельсона Манделы в качестве первого чернокожего президента Южной Африки. Найдите мне западную страну, где демократический профиль так заметен, как в Израиле: большая часть прессы является антиправительственной («Гаарец», «Едиот Ахронот» и т.д.). Судебная власть также независима от политики; судья, араб, приговорил президента государства (Кацава) к тюремному заключению за сексуальные домогательства. То, что это демократическая нация, также видно из того факта, что большое количество политиков находятся под следствием, обвинены и, возможно, даже осуждены, в том числе многие бывшие министры (Либерман), премьер-министры (Ольмерт), члены семей премьер-министров (сын Шарона).

Давайте предоставим слово абсолютно нейтральному журналисту Бенжамину Погрунду, написавшему книгу «Апартеид». Израиль — это демократия, в которой голосуют арабы. На самом деле он гражданин Израиля, но уроженец Южной Африки, который боролся с апартеидом в этой стране. Вот символичный анекдот, который он нам рассказывает:

«Два года назад мне сделали важную операцию в Иерусалиме; так вот, хирург был евреем, анестезиолог был арабом, врачи и медсестры были и евреями, и арабами».

Кеннет Мешо, южноафриканский парламентарий и лидер Африканской христианско-демократической партии, много раз посещал Израиль и считает обвинения в апартеиде абсурдными, ложью о том, чем на самом деле является Израиль и чем на самом деле был апартеид.

Израиль не знает ненависти и обиды даже к Марадоне, который всегда публично поддерживал палестинцев и их дело, вплоть до того, что во время войны с Газой 2014 г. заявил, что еврейское государство предпринимает «позорные действия» против палестинцев. Несмотря на это, премьер-министр Израиля и президент Израиля Реувен Ривлин с большим классом выразили сожаление по поводу его кончины.

Это все розы и цветы? Нет, конечно; на территориях положение палестинцев поневоле иное. С началом второй интифады дороги, по которым проезжают арабы, и дороги, по которым проезжают евреи, пришлось разделить; была даже попытка вернуться к старому стилю, но снова начались теракты; то же самое касается знаменитых контрольно-пропускных пунктов, которые затрудняют проезд. С другой стороны, Израиль не предоставил гражданство палестинцам в этом регионе, потому что это было бы провокацией, то есть формальным оформлением аннексии, которой на самом деле не существует.

Есть ли разница между евреями и другими этническими группами? Да; арабов Израиля не призывают в израильскую армию, но только для того, чтобы не заставлять их сражаться против своих братьев по происхождению. Однако они могут сделать это добровольно, как, например, в 2020 г. когда более тысячи израильских арабов служили в ЦАХАЛе в качестве призывников или резервистов. И еще, среди десантников мы находим добровольцев-бедуинов; наконец, призыв был распространен также на друзскую и черкесскую общины по их прямому требованию.

Есть еще один момент, на котором нам необходимо сосредоточиться, а именно предполагаемый расизм при приобретении земли в Израиле. С 1900 г. Еврейский национальный фонд получил от Всемирного сионистского конгресса мандат на покупку земли в Палестине для еврейского поселения, которая затем была передана правительству, во время войны Израиля за независимость. Что ж, несмотря на выдумки, 92% всей израильской земли принадлежит государству и управляется Управлением по землеустройству. Ее нельзя продать кому-либо, но можно лицензировать кому угодно, независимо от расы, религии или пола. А оставшиеся 8%? Они принадлежат частным лицам.

А вместо этого мы читаем, что Аббас, как обычно, угрожал арабским СМИ 28 июля 2010 г.: «Я никогда не позволю ни одному израильтянину жить на нашей палестинской родине». Чей это расизм?

Посол Израиля в Азербайджане Джордж Дик, израильтянин арабского происхождения, родившийся в Яффо, рассказывает в интервью американскому журналу Tablet о встрече с норвежским журналистом, который был поражен тем, что в Израиле есть арабский посол. Удивленный, он спросил его:

«А что, ты израильтянин? Разве ты не араб?!?»

• • • •

Палестинцы против арабов Аль-Зибда «со взбитыми сливками».

Может быть, Израиль будет отсталым хотя бы в плане гражданских прав? Ни за что. Подумайте, что в каждом классе школы есть дети из SSC, Same Sex Couple – однополой пары; в целом система признания прав ЛГБТ является одной из самых передовых в мире. В 1991 г. даже Армия обороны Израиля ликвидировала всю дискриминацию по признаку сексуальной ориентации; об этом свидетельствует всеобъемлющий Закон о равных возможностях, реформированный в 1992 г. для защиты сексуальной идентичности. В 1994 г. дело Даниловица (стюарда авиакомпании Эль-Аль) установило, что партнер гей-пары имеет те же права, что и гетеросексуальная пара, открыв тем самым путь к приобретению длинного ряда прав для ЛГБТ-пар; в 2005 г. было установлено право усыновить ребенка партнера. В Кнессете есть открыто гомосексуальные депутаты; Верховный суд постановил, что однополые пары имеют право на получение пособий для супругов и вдовцов. В 2011 г. Израиль также подписал Резолюцию ООН о защите прав геев и, конечно же, признает домашнее партнерство однополых пар. В 2006 г. единственная ближневосточная демократия стала также единственной страной, официально признавшей однополые браки, заключаемые в других странах. Суррогатное материнство также законно, и ЭКО оплачивается для однополых пар. Иностранным партнерам геев граждан Израиля предоставляется вид на жительство в Израиле, а однополые партнеры имеют право на супружеские льготы, пенсии и налоговые льготы. Один из всех римеров: Пайам Фейли, иранский поэт-гей, бежал в Израиль, где получил политическое убежище. В 2006 г. в Израиле прошла недельная акция «Любовь без границ: WorldPride», организованная ЛГБТ-активистами со всего мира. В 2012 г. самый крупный город Израиля, Тель-Авив, был назван участниками международного конкурса лучшим гей-городом в мире, набрав ошеломляющие 43% голосов в онлайн-опросе, что значительно превосходит, например, сам Сан-Франциско. 8 июня 2018 г. около 250.000 человек со всего мира приняли участие в ежегодном гей-параде в Тель-Авиве; самая известная гей-порнозвезда Джонатан Агасси — израильтянин. А женщины? Излишне говорить, что они имеют равные права с мужчинами; в сентябре 2006 г. Дорит Бейниш была приведена к присяге как первая женщина-председатель Верховного суда Израиля, и более 44% всех зарегистрированных юристов в Израиле - женщины.

А на остальном Ближнем Востоке? В арабских и мусульманских государствах гомосексуалы не защищены, их часто заключают в тюрьму, а иногда и казнят. В Палестинской национальной администрации за содомию, даже по обоюдному согласию, наказывают тюремным заключением на срок от трех до десяти лет. В 2016 г., например, даже командир Хамаса (!) Махмуд Иштиви был подвергнут пыткам и убит после того, как его обвинили, среди прочего, в том, что он гей. Журналист Йосси Кляйн Халеви задокументировал, что при правительстве Ясира

Арафата палестинец-гей был заключен полицией в яме без еды и воды до самой смерти. Другого посадили в тюрьму, и «во время допросов его резали стеклом и заливали раны средством для унитаза». Точно так же один американец, переехавший жить к своему палестинскому возлюбленному на Западный Берег, нашел под своей дверью письмо с угрозами от «Исламского суда»; с перечисленными «пятью формами смерти, предписанными исламом за гомосексуальность, включая забивание камнями и сожжение». Результат? В тот же день они бежали в Израиль и скрылись, потому что их «палестинские братья» угрожали убить его. Халеви узнал, что полиция ПНА заставила мужчину-гея «стоять в сточных водах по шею, накрыв голову мешком с фекалиями, а затем его бросили в темную камеру, кишащую насекомыми»; во время допроса полицейские раздели его и заставили сесть на бутылку кока-колы. После освобождения он также бежал в Израиль, опасаясь, что полиция убьет его, если он вернется.

А женщины? В 2017 г. Аманда Ханна, шведско-ливанского происхождения, ставшая 12 августа «Мисс Ливан», неожиданно лишилась титула, поскольку молодая женщина посетила Израиль по академическим причинам в нарушение законов о бойкоте. Виной также стал пост в Facebook, в котором она заявила, что была неправа, возрождая нынешние предрассудки в отношении Израиля. Она «смела» признаться: «Я была неправа... Это была одна из лучших недель в моей жизни».

А Комиссия ООН по правам женщин хорошо (или, скорее, плохо) думает, как бы осудить Израиль, и только Израиль. Полностью игнорируются (реальные) нарушения прав женщин в таких странах, как Иран, Йемен и Афганистан. Даже UN Watch пришлось осудить избрание Саудовской Аравии в Комиссию по правам женщин и тот факт, что как минимум пять государств Евросоюза неожиданно проголосовали за это назначение. Конечно, у нас также есть... юмористические персонажи, такие как Дубравка Симонович, «эксперт» ООН по насилию в отношении женщин, которая после посещения Израиля и территорий пришла к выводу, что когда палестинские мужчины избивают своих жен, в этом виноват Израиль! У ПНА нет законов даже о домашнем насилии; изнасилование в браке и сексуальные домогательства не являются преступлениями. Также не существует законодательного запрета на калечащие операции на женских половых органах.

Но даже на уровне гендерного равенства и гражданских прав расстояния всего в несколько км становятся космическими. Закон 1977 г. гарантирует недорогой, а в некоторых случаях и бесплатный легальный аборт любой женщине, которая соответствует определенным критериям, общим для многих западных стран. Подтверждением этому является то, что в 2012 г. из 21.689 заявлений о прерывании беременности было одобрено 21.104 (т.е. 97%). В январе 2014 г. израильский Кнессет одобрил реформу национального закона о медицинском страховании, гарантирующую бесплатные процедуры аборта для всех пациентов в возрасте от 20 до 33 лет, независимо от обстоятельств. Израильтяне, страдающие раком, болезнью Паркинсона, эпилепсией, рассеянным склерозом, болезнью Крона, посттравматическим стрессовым расстройством и другими медицинскими проблемами, получили доступ к медицинской марихуане в Израиле с середины 90-х годов: для этих людей ее выращивают на восьми фермах и продают через государственную систему распределения. Управление ООН по наркотикам и преступности подсчитало, что почти 10% израильтян употребляют марихуану в рекреационных целях.

Но давайте обратимся к предполагаемому слабому месту Израиля; правда ли, что еврейская галаха эквивалентна шариату и делает Израиль теократией? Оба права, как и каноническое право, берут свое начало в божественном откровении, сформулированном в религиозных текстах. Но здесь начинаются большие различия; для Израиля ссылкой является Танах, Ветхий Завет (а христианская Библия также включает в себя Евангелия); он также может вдохновлять норму, но сам по себе это не норма. С другой стороны, Коран – это слово Пророка, которое немедленно становится законом. Проще говоря, исламский закон – это закон государства, который неоспорим и неизменен среди людей, в то время как в Израиле это не так. Мы можем ссылаться на религиозные каноны, но не больше и не меньше, чем как сам Запад иногда черпает вдохновение из христианской традиции; в результате закон всегда «гибок» перед любым правительством.

С учетом вышесказанного, является ли совпадением, что тысячи палестинцев, особенно в Иерусалиме, просят покинуть ПНА и стать израильтянами, и что те, кто остается за пределами Израиля, завидуют арабским гражданам Израиля, называя их «арабами аз-Зибда» или «арабами со взбитыми сливками»?

Глава 6 – Это неправда, но... мне нужно верить вам

Палестинские (крапленые) карты

Примеры арабо-палестинского конфликта, стереофонически фальшивые, рассказанные СМИ, возможно, полностью основаны на различных версиях карт так называемого «израильского экспансионизма», циркулировавших в антиизраильских кругах в последние десятилетия, и которым значительная часть мирового общественного мнения верит и сегодня. Учтите, что даже очень похвальное и важное национальное объединение итальянских партизан в своем римском отделении, к сожалению, по незнанию, распространило самую фальшивую версию.

Но давайте по порядку: первая версия, (так называемая «карта израильской оккупации Палестины» или с похожими названиями) датируется 50-60-ми годами и родилась из фантазии Арабского информационного центра (АИЦ), который воспользовался экономической поддержкой со стороны 14 арабских государств с целью помощи палестинскому делу. Среди множества брошюр, выпущенных этой организацией, последней была «Израильский экспансионизм» (1967), опубликованная после Шестидневной войны. Почему я делаю это вступление?

Потому что именно там мы находим первый опубликованный набросок карты (обновленный в 1967 г.), где — заметьте — мы не находим даже названий Израиля и Палестины; действительно, этот район считался АИК частью Иордании на всех четырех картах (1947, 1949, 1956 и 1967 гг.). Такова сплоченность антиизраильского фронта, который в то время даже не знал, что такое Палестина.

Но давайте по порядку; наиболее известной и распространенной является карта, которая последовала за событием 1967 г. и носила название «Потеря палестинских земель с 1946 по 2000 г.». В целом это 4 фотокарты, первая из которых почти полностью зеленая. Здесь хотели, чтобы вы поверили, что до раздела ООН существовало Государство Палестина с очень маленькими израильскими хроматическими «вкраплениями». Название на карте, среди прочего, «Палестина», а не «Мандат Палестины» (что было бы правильной формой).

Фальсификаторам удобно умалчивать, что эти земли, согласно требованиям Палестинского мандата, должны были стать частью еврейского государства.

Вторая карта из серии представляет собой план раздела, одобренный ООН 29 ноября 1947 г., но который – об этом не написано –был отвергнут арабами. Таким образом, это было «арабское государство», как видно, только в потенциале. Ах, я забыл: я чуть не упустил еще один вымысел на карте, потому что на самом деле даже ООН не определила часть Иерусалима как палестинскую землю.

На третьей карте захотели подчеркнуть ситуацию 1967 г. и, следовательно, продемонстрировать парафиновую перчатку израильского империализма. Жаль, что, как уже было убедительно доказано выше, это не Израиль напал на арабские страны после раздела ООН; а наоборот, и именно это вызвало реакцию Израиля. Если бы только это. На этой карте позорно не показаны выводы израильских войск, осуществленные на протяжении многих лет; Израиль действительно завоевывал территории, чтобы создать защитные «буферы» в оборонительных войнах, но затем, как уже подчеркивалось, очень часто уступал их с постоянным выводом войск для облегчения мирных переговоров. Вы уже помните их, не так ли?

Из Ливана в 1949, 1978 и 2000 годах; из Сирии в 1974 г.; с Синая в 1949, 1957 и 1982 годах; из городов Палестины в 1995 г.; из сектора Газа в 2005 г.

Но самое сенсационное то, что, как и предполагалось, и на этой карте зеленым цветом опять выделена предполагаемая «Палестинская земля»; но, скажите пожалуйста, какая? Давайте возьмем первый участок карты, где зеленая часть занимает, как уже упоминалось, почти все изображение, чтобы заставить людей поверить, что с самого начала эта территория принадлежала палестинцам: очевидная ложь. Как мы все уже знаем, она никогда не была населена палестинскими арабами (да и вообще кем-либо еще); примером является южный регион, то есть пустыня Негев. Но это не была и палестинская земля, потому что она почти вся находилась в государственной собственности или принадлежала отсутствующим землевладельцам, жившим в Дамаске или Бейруте. И если и этого недостаточно, это не были земли под палестинским суверенитетом по той простой причине, что Палестинского государства никогда не существовало.

Четвертая карта, обновленная в 2000 г., является единственной, где «палестинская» зеленая зона может быть правдой. Обратите внимание, что именно Израиль передал эти земли ПНА в соответствии с соглашениями 1993-1995 годов, ожидая окончательного соглашения между сторонами о статусе территорий, называемых зонами А, В и С, а также в секторе Газа.

За этой картой последовало множество других, самую ложную из которых бесстыдно продемонстрировал во время своего выступления в Совете Безопасности ООН в 2020 г. сам президент ПНА Абу Мазен. Она называлась «Исторический компромисс палестинцев, план Трампа».

Бесполезно повторять причины, по которым в очередной раз воспроизводится привычная прогрессивная фантазия о сокращении так называемой палестинской территории. Единственное изменение — это обновление с дополнительной картой, вплоть до «плана Трампа 2020 г.». Первые три устанавливают палестинскую аферу на изображениях соответственно в датах «1917 г. - Историческая Палестина», «1937 г. - Комиссия Пиля» и «1947 г. - Раздел ООН», чтобы затем повторить уже известную аферу «1967 г.» и, наконец, последняя адаптированная к «2020 г.».

Наконец, существует еще одна версия карты, в подписи к которой мы читаем: «Земля исламской уммы». Вот мы и подошли к выводу; для арабов не существует палестинской земли, а это вся земля исламской уммы, которую следует завоевать любой ценой. Там и еще где-нибудь.

Настоящий империализм. Палестинский.

• • • •

Ложь просачивается изо всех дыр

Если бы мы сказали вам, что даже президент Европейского парламента распространял невероятные *фейковые новости* против Израиля, вы бы поверили? Очевидно, нет, и тем не менее это тоже произошло.

Мартин Шульц в Кнессете 12 февраля 2014 г. имел смелость заявить:

«Молодой палестинец спросил меня, почему израильтяне могут использовать 70 литров воды, а палестинцы только 17. Я не проверял данные, но спрашиваю вас: правильно ли это?»

Даже если мы не будем считаться с невероятным *«мне сказал молодой человек»*, давайте перейдем к неопровержимым фактам. Квота на воду для Западного берега была согласована двумя сторонами, участвовавшими в Соглашении Осло; в результате 33% воды в водоносных слоях под *Западным берегом* отведено палестинцам. В 2007 г. ПНА смогла получить 200 миллионов кубических метров воды, из которых 51,8 миллиона были поставлены Израилем, что больше, чем он должен поставлять палестинской автономии на основании соглашений Осло и Парижа; проблема в том, что фактически было использовано только 180 миллионов.

Профессор Гвирцман, работающий в Управлении водного хозяйства, технически уточнил каждую деталь:

«Совместный израильско-палестинский комитет предоставил палестинцам около 80 разрешений на бурение, большинство из которых предназначены для забора воды из восточного водоносного слоя. Однако палестинцы используют менее половины этих разрешений».

Гвирцман добавил, что из 52 миллионов кубометров сточных вод, которые палестинцы производят каждый год, только два миллиона сначала проходят через очистные сооружения Аль-Бире; отсюда следует, что палестинские сточные воды, неочищенные (речь идет примерно о 17 миллионах кубометров в год), стекают в ручьи и долины Западного берега и загрязняют горный водоносный слой как для евреев, так и для арабов. Виноват ли Израиль, что около 35% воды в регионе, находящемся под юрисдикцией ПА, теряется из-за утечек, воровства и плохого обслуживания? Если этого недостаточно, то тот же Гвирцман напоминает, что каждый гражданин Израиля платит за воду больше, чем он должен, чтобы компенсировать потери Израиля, учитывая, что вода предоставляется палестинцам по сниженным ценам.

Обосновано ли хотя бы предполагаемое лишение палестинцев электричества? Оно предоставляется Израилем на территории, контролируемые *ПНА*, а также частично в сектор Газа. ПНА даже претендует не платить за него (не считая тех – многих – которые используют его тайно). Несмотря на долг в несколько сотен миллионов долларов, Израиль никогда не приостанавливал и не прекращал поставки, хотя, очевидно, мог бы. И подумайте, что это электричество также идет для тех самых заводов ракет, предназначенных против Израиля... ПНА предложила неприемлемый план погашения: из сотен миллионов долларов она требует, чтобы половина была прощена, а другая половина выплачена в рассрочку на десять лет. Комиксы!

Но в более общем плане, средства массовой информации, как мы уже много раз видели, за 75 лет часто фальсифицировали или переворачивали факты в ущерб Израилю; во время первой *интифады* палестинцы почти полностью скрыли имеющиеся у них заграждения, ножи, топоры и бутылки *молотов*, тем не менее все еще говорят о мифической «войне камней» или борьбе Давида (палестинцев) с Голиафом (израильтянами). Те, кто (дез)информируют, делают вид, что не знают, что уже в конце первого месяца интифады было 56 раненых среди израильских солдат и 30 среди мирных жителей именно из-за того, что наверняка не только камни бросали, но и также 100 бутылок с зажигательной смесью и три ручные гранаты. Камни тоже могут убить; доказательством этому является случай, когда в августе 2001 г. 11-летний мальчик в Македонии убил камнем английского солдата, участвовавшего в миротворческой миссии. *Интифада* развивалась яростно, использовались камни, кирпичи, рогатки, из которых бросали гальку и металлические шарики, а также палки, ножи и топоры. В шутку принято говорить, что первый камень в Иерусалиме был заложен 3000 лет назад, а первый брошен около 70 лет назад...

Нередкими были также дорожно-транспортные происшествия из-за намеренно вылитого на дороги масла и брошенных гвоздей; фактически, за первые 18 месяцев ЦАХАЛ насчитал около 41.000 инцидентов с применением насилия. Добавьте к этому 41 нападение с применением стрелкового оружия, 38 с применением ручных гранат, 127 взрывов и 102 инцидента с применением холодного оружия. Доказательством этого также является обращение к палестинским пассажирам, начиная с января 1988 г., не ездить на работу в Израиль, поскольку палестинцы постоянно угрожали им, бросали камни в их автобусы или пытались их сжечь.

Если расширить временной период, то за первые четыре года было брошено 3600 бутылок *молотов*, 100 ручных гранат и совершено 600 нападений с применением огнестрельного оружия и взрывчатых веществ, в том числе против гражданского населения. С 9 декабря 1987 г. до подписания Соглашений в Осло (13 сентября 1993 г.) 160 израильтян были убиты, в том числе 100 мирных жителей, и многие тысячи получили ранения. Действительно, среди бросателей камней были палестинцы, а часто и полицейские, вооруженные огнестрельным оружием.

Но, как мы и предсказывали, существуют сотни и сотни пропалестинских изобретений, способных выставить Израиль в плохом свете. В томе *Isis SPA*, совершенно серьезно, заходят так далеко, что заявляют, что арабская террористическая организация «Черный сентябрь» и, следовательно,

«расправы над евреями в аэропорту Бен-Гурион в Тель-Авиве и на Олимпийских играх в Мюнхене предоставили израильским экстремистам прекрасный повод для новых бомбежек, как раз тогда, когда казалось, что международное давление вот-вот затянет правительство за стол переговоров».

То же самое можно сказать – согласно бесценным сведениям, поступающим от *Spectre* и *Diabolik* – и к нападениям в Гааге, а также к убийству двух французских агентов внешней безопасности, приписываемых Ильичу Рамиресу Санчесу, известному как *Карлос Шакал*.

Не удовлетворившись тем, что удалось сконцентрировать столько бессмыслицы в столь немногих строках, непредусмотрительный писатель думает, что нашел дымящийся пистолет:

«Сегодня у нас есть доказательства того, что «Черный сентябрь» был творением МИ-6 и Совета национальной безопасности США под прямым контролем Киссинджера».

Большие дела, да?

Но на этом не заканчивается, потому что теперь, уже без тормозов, писатель бредит:

«После оккупации Восточного Иерусалима в 1967 г. – и в частности Западного берега – Британская монархия действовала через английскую масонскую ложу Quatuor Coronati и другие организации, наблюдая за

созданием еврейских сект, занимающихся ведением религиозных войн на Ближнем Востоке».

С такими настойчивыми предложениями, от которых побледнел бы даже Демосфен, он упорствует:

«В 2006 г. во время конфликта между Израилем и «Хезболлой» российский генерал-полковник Леонид Георгиевич Ивашов убедительно объяснил израильскую агрессию в Ливане следующими целями: во-первых, создать условия для нанесения ударов по Ирану, экспроприируя его месторождения нефти и газа и установив контроль маршрутов их транспортировки; во-вторых, приготовиться к перекройке карты Ближнего Востока силой».

Очевидно, что Израиль ушел из Ливана, и ничего из написанного не произошло.

Когда уже слышалось эхо сирены приближающейся машины скорой помощи, он прокомментировал это так:

«Эдвард Сноуден, «крот из Datagate», раскрыл, что британская и американская разведка создала ИГИЛ совместно с Моссадом».

В конце этого бреда – когда появились двое мужчин в белом, чтобы позаботиться о нем и взять под опеку – разглагольствования закончились: *«Согласно информации, раскрытой Сноуденом, единственный выход защитить еврейское государство — это создать врага у его границ».*

Как будто у него их нет. Израиль граничит со странами в 640 раз больше его, и население которых в 65 раз больше; целых 22 соседние арабские страны являются врагами, нет необходимости создавать (других) врагов...

После этих хрустящих *сенсаций* действительно требуются невероятные усилия челюстно-лицевых мышц, чтобы не умереть от удушья от гомерического смеха.

Но даже в отношении *Моссада* и двух других израильских *спецслужб* существует миф об абсолютной непогрешимости, с помощью которого хотели бы смягчить масштабы всех арабских поражений против Израиля.

По правде, например, тогдашний *Шай* не предсказал арабское вторжение в Палестину в 1948 г. *Аман* не понял действий Египта и Иордании в мае 1967 г. и не предусмотрел заранее арабское нападение в октябре 1973 г. В войне 1982 г. с Ливаном *Моссад* недооценил враждебность мусульман-шиитов. *Шин Бет* и *Аман* не смогли ничего предсказать относительно палестинского восстания на Западном Берегу и в секторе Газа в 1987 г..

Но вернемся в наши дни и к скоплению бессовестных выдумок даже о *Ковиде* и о том, как это дело решалось на территориях. Согласно *Guardian* и *New York Times*, Израиль виновен в том, что не вакцинировал палестинцев, вместо этого отдав предпочтение «поселенцам».

Министерство иностранных дел Палестины также ложно заявило, что Израиль несет ответственность за поставление вакцин и *«проводит расовую дискриминацию палестинского народа»*.

Жаль, что это одно из самых сенсационных ложных обвинений. В соглашениях Осло здравоохранение отнесено к числу исключительных вопросов ПНА на территориях, которыми она управляет. Из текста *Временного израильско-палестинского соглашения, Приложение III от 28 сентября 1995 г.:*

«Полномочия и ответственность в сфере здравоохранения на Западном Берегу и в секторе Газа будут переданы палестинской стороне, включая систему медицинского страхования. Палестинская сторона продолжит применять действующие стандарты вакцинации палестинцев...».

Следовательно, еврейское государство не имеет к этому абсолютно никакого отношения. Однако Израиль, по своей инициативе (*motu proprio*), вакцинировал не только израильских арабов, которые делали это довольно неохотно, но и иностранных жителей, в том числе многих граждан *ПНА*, проживающих в Иерусалиме. Тем не менее провоз медицинских материалов всегда разрешался не только в направлении территорий, находящихся под управлением ПА в Иудее и Самарии, но и в направлении Газы. Также Государство Израиль пожертвовало тысячи тампонов и расходных материалов, провело обучение и предоставило материалы на арабском языке, касающиеся борьбы с *Ковидом*, для своего палестинского противника.

Очевиден настоящий обман, поэтому о чем болтала палестино-американская конгрессменша Рашида Тлайб в интервью новостной программе *«Демократия сегодня»*, которая определила Израиль как *«расистское»* и *«апартеидное»* государство, потому что, по ее словам, лишает палестинцев доступа к лечению и вакцинам против коронавируса?

Израильские арабы уже получили вакцинацию, а в первой половине 2020 г. Израиль даже предоставил ПА кредит, чтобы помочь ей предотвратить экономический и гуманитарный кризис. В итоге министерству здравоохранения Палестины даже пришлось опровергнуть себя и подтвердить, как пишет Даниэль Сириоти 10 марта 2020 г., получение *наборов*, тестов и медицинского оборудования из Израиля, запрошенных медицинским персоналом в секторе Газа.

«Управление эпидемией коронавируса имеет приоритет над любыми политическими соображениями, и без помощи Израиля Газа оказалась бы в очень сложной ситуации в случае эпидемии», — наконец подтвердил представитель министерства.

Чтобы дать вам представление: по состоянию на 3 января 2021 г. в Израиле было вакцинировано больше мусульман, чем в любой другой стране Ближнего Востока!

За все эти десятилетия и ПНА, и *Хамас* растратили миллиарды долларов, предпочитая тратить их на терроризм или коррупцию, как уже было замечено, а не на общественное благосостояние.

ПНА тратит около 14 миллионов долларов в месяц на зарплаты террористам в израильских тюрьмах и семьям так называемых «мучеников». Морис Хирш подсчитал, что на эти деньги можно было приобрести 387.143 набора для тестирования на коронавирус или 465 недорогих аппаратов ИВЛ MIT. Очевидно, что есть твердолобые, которые отказываются от любой помощи со стороны Израиля для палестинцев и демонизируют евреев, как палестинский переговорщик Саиб Эрекат, который, назло кондуктору, заразился вирусом. И куда он едет лечиться? В больницу Хадасса в Иерусалиме, но, к сожалению, слишком поздно.

Но ложь против Израиля поистине бесконечна и изобретательна. Примо Леви, по словам удостоенной наград палестинской фабрики по производству брехни, заявил: *«Каждый человек — чей-то еврей. Сегодня палестинцы — это евреи Израиля»*. Только первое предложение, не связанное с ближневосточным конфликтом, принадлежит писателю. Второе — просто комментарий к этому предложению в рецензии на книгу

«*Человек ли это*» 1982 г., написанной критиком «Манифеста» Филиппо Джентилони. Вся фраза была приписана Леви в статье Джоан Аккочелла в журнале *New Yorker* в 2002 г.

А как насчет еще одной «призрачной» фразы Давида Бен-Гуриона, будущего премьер-министра Израиля? Цитата взята из книги Бенни Морриса «*Рождение проблемы палестинских беженцев в 1947-1949 годах*», в которой приводится его письмо 1937 г.:

«Мы не хотим и нам не нужно изгонять арабов и занимать их место. Все наши стремления построены на предположении – подтвержденном всей нашей деятельностью в Эрец – что в стране достаточно места для нас и арабов».

Ну, угадайте.

Отрицание *«не»* исчезло из первого предложения и, фальсифицированное таким образом, перевернуло его смысл.

Известный историк-антисионист Илан Паппе в 2006 г. в «*Журнале палестинских исследований*» и в своей книге «*Этническая чистка Палестины*» сообщил цитату из письма, которое Бен-Гурион (опять он) якобы написал своему сыну в 1937 г.:

«Арабы должны уйти, но нам нужен подходящий момент, например, война».

Сам историк Бенни Моррис, никогда не проявлявший мягкости по отношению к Израилю, однако в 2006 г. назвал эту фразу *«выдумкой»*. Добавим, что такой цитаты нет ни в одном из источников, цитируемых Паппе.

Просто позорно.

• • • •

«Палливуд»

Палливуд — это словослияние слов «Палестина» и «Голливуд». На самом деле, требуется огромное воображение и зрелищность, чтобы распространять поток мистификаций через средства массовой информации, которые почти всегда являются соучастниками.

Стартуем решительно, то есть с буквально выдуманной новости о том, что в 2005 г. Израиль убил 55-летнюю палестинскую женщину радиацией от шпионской машины на блокпостах. О чем же речь шла? Это был так называемый радар миллиметровых волн SafeView, не что иное, как своего рода очень сложный металлодетектор американского производства, который использовал голографическую технологию безопасных миллиметровых волн для проверки путешественников из Египта в поисках оружия и взрывчатых веществ. Естественно, об имени этой якобы «умершей» женщины никто никогда не узнал. Интересно, почему...

А как насчет лжи в стиле Бурбонов, согласно которой часовая башня Вестминстерского дворца и часы Биг-Бен в Лондоне на самом деле были Часовой башней, украденной британцами, у Яффских ворот (в Иерусалиме) и попавшей туда в 1909 г. во время Османскго господства султана Хамида II? Возможно, это умственное помешательство палестинцев связано с последствиями знаменитой выдумки газеты «Аль-Хаят Аль-Джадида» из Рамаллаха, находящейся под контролем ПА, согласно которой Израиль «наводнил» арабских жителей Иерусалима наркотиками: по этой причине около 20.000 арабов стали наркоманами! Вероятно, даже дикие кабаны, которых согласно другому невероятному изобретению израильтяне выпустили на Западный Берег, чтобы уничтожать посевы и выгонять палестинцев из их домов, были накачаны тем же методом...

Вы знаете ЮНЕСКО, да? Да, именно тот, который объявил Иерусалим «Столицей арабской культуры»; возможно, еще хуже сделала его правая рука, то есть Исеско, «культурный» орган Организации Исламская Конференция, для которого еврейские памятники являются исламскими сокровищами, украденными сионистами, а израильские археологические работы являются преступлениями против мусульман. В соответствии с этим абсурдным идеологическим заявлением в 2010 г. ЮНЕСКО ни с того ни с сего заявила, что гробница Рахили и Хевронская пещера патриархов являются «мусульманскими мечетями». Решение ЮНЕСКО заменить термин «Храмовая гора» на «Харам аш-Шариф» и «Аль-Акса» по настоянию ПНА является чем-то отвратительным. Как будто не существовало различных археологических находок, таких как, например, греческая надпись эпохи Второго Храма возле Львиных ворот и угла, где трубили в трубы, возвещающие о начале Шаббата и еврейских праздников, найденная при раскопках вдоль южной стены комплекса; как если бы цитаты, среди прочего, из Библии, Мишны и Талмуда были ложными. В конце концов, как мы можем отдать должное невежеству, а не профессору Мордехаю Кедару?

«Первые исламские источники свидетельствуют, что «мечеть Аль-Акса» (буквально: «самая отдаленная мечеть»), упомянутая в Коране только один раз, была одной из двух мечетей, расположенных недалеко от Джиирраны, деревни, возвышающейся между Меккой и Таафом на Аравийском полуострове (ныне Саудовская Аравия)». Следовательно, «Аль-Масджид аль-Акса» отличается от другой мечети («аль-Масджид аль-Адна»), то есть «ближайшей мечети». Тем не менее, упоминание в Коране о ночном путешествии Пророка Мухаммеда из «священной мечети» Мекки в Аль-Аксу, то есть «самую дальнюю мечеть», относится к мечети Джииррана.

Профессор. Кедар завершает разоблачение так:

«Лжецы ислама решили «расширить» Аль-Аксу, истинное местонахождение которой на самом деле в Аравийской пустыне, и охватить всю территорию Храмовой горы только после того, как евреи освободили Котель в Шестидневной войне».

Однако кто знает, почему при иорданском владычестве никто из них никак не считал Аль-Аксу и лишь потом о ней вспомнили...

И с этим связана еще одна замечательная сказка (если бы не факт, что из-за палестинского насилия пролилось много крови); Давайте поговорим о пале-лжи о том, как еврейский террорист пытался сжечь мечеть Аль-Акса в 1969 г. Смешны слова обвинения в этом смысле со стороны официального телевидения ПНА PMW TV, согласно которому намерение состояло в том, чтобы «иудаизировать это место, взять его под контроль, чтобы разрушить мечеть Аль-Акса и построить предполагаемый храм на ее месте». Жаль, что поджог - реальный - устроил невменяемый австралийский турист-христианин по имени Деннис Майкл Рохан; на следующий день его арестовали, судили, признали виновным и поместили в психиатрическую лечебницу.

Недовольные, 29 сентября 2000 г., на следующий день после посещения Шароном мечети Аль-Акса, официальные палестинские СМИ призвали всех своих «соотечественников» сплотиться, потому что евреи хотели ее разрушить. В 2013 г. у Аббаса еще хватит смелости повторить саудовской газете, что фанатичные израильские экстремисты хотели разрушить мечеть, чтобы восстановить еврейский Храм.

Кстати о фальшивках; знаете ли вы историю Мохаммеда Аль-Дуры, 12-летнего символа второй интифады, который, как рассказывали в течение 8 лет, был убит огнем израильской армии? Начнем с фактов. 30 сентября 2000 г. Мохаммед аль-Дура был убит в секторе Газа якобы в результате перестрелки между израильтянами и палестинцами. Израиль немедленно признал себя виновным, но потом опроверг, так как баллистическая проверка показала, что пуля не могла быть выпущена с позиций ЦАХАЛа. Видео убийства ребенка (если предположить, что он действительно был мертв), снятое палестинским оператором Талалом Абу Рамой, который даже был премирован за свою работу, с комментарием корреспондента France 2 Шарля Эндерлина, дошло до каждого дома в мире в очень короткое время. Даже Бен Ладен занял позицию: «Убив этого ребенка, израильтяне убили всех детей в мире». В ходе последовавшего судебного разбирательства телеканал France 2 после нескольких попыток уклониться предоставил видео, но содержащее только 18 кадров из 27 минут, поскольку, по их словам, корреспондент якобы не хотел снимать умирающего ребенка. На самом деле, на видео нельзя отследить момент смерти ребенка, а только предыдущую и последующую фазы; и именно в последующей видим невероятное. Аль Дура, будучи... мертвым, поднимает руку и открывает глаза. Неолазарь? 21 мая 2008 г. французский суд не мог не констатировать, что израильская армия полностью невиновна. Подумать только, во всем арабском мире ребенку посвящено 150 школ.

Твиттер тоже приберегает для нас пале-фарсы. Хулуд Бадави, сотрудница Управления ООН по координации гуманитарных вопросов, базирующегося в Иерусалиме, где она работает координатором по информации и средствам массовой информации, опубликовала фотографию, выдав ее за изображение палестинской девушки, убитой «Израилем» в секторе Газа, с добавлением — со слезами по команде — «еще один отец несет свою дочь на кладбище». Мы не знаем, куда она спряталась после того, как выяснилось, что это фотография маленькой девочки из Газы, ставшей жертвой дорожно-транспортного происшествия, сделанная Рейтерс в августе 2006 г...

Кстати, вы знали, что Иисус был палестинцем? 24 декабря 2019 года Лейла Ганнам, губернатор округа Рамалла, с завидным презрением к насмешкам заявила: «Весь палестинский народ празднует Рождество, потому что мы гордимся тем, что Иисус — палестинец». Однако, как мы видели и продемонстрировали, эта земля никогда не определялась как Палестина, вплоть до столетия после смерти Иисуса; не говоря уже о том, что арабы прибыли в Назарет только после мусульманского вторжения в VII веке н. э. Ad adiuvandum (для помощи): Иисус, как и другие евреи, говорил на арамейском языке, и не кажется, что бы он являлся источником именно арабского языка.

Но, по вашему мнению, правда ли хотя бы, что - в ответ на около 700 ракет, выпущенных палестинскими террористами в выходные 4-6 мая 2019 г. - Израиль действительно убил беременную женщину и ее 14-месячную дочь Абу Арар? Об этом заявило Министерство здравоохранения Газы со стороны Хамаса, о чем немедленно сообщили Sky News 6 мая 2019 г., The Independent 5 мая 2019 г., Chicago Tribune 4 мая 2019 г. и CNN 4 мая 2019 г. В редком случае интеллектуальной честности одной из группировок, ответственных за бомбардировку Израиля, Палестинскому исламскому джихаду (ПИД), позже пришлось признать, что ребенок погиб, когда «ракета сопротивления упала в доме семьи из-за технической неисправности и взорвалась преждевременно..." По правде, до определенного момента честно, поскольку сообщение, опубликованное в соцсетях, впоследствии было удалено...

Еще один пример вранья произошел во время войны в секторе Газа в 2012 г., когда BBC засняла, как группа палестинцев несет раненого мужчину в бежевой куртке и футболке в машину скорой помощи после израильского удара. Через три минуты тот же мужчина, совершенно здоровый, прошел перед камерой!

Но есть и дроны, как в Дженине в 2002 г., которые запечатлели невероятное. Во время похорон одного из предполагаемых умерших несли, накрытого зеленой тканью, на руках на носилках. Но вот сюрприз: поскольку носилки слишком сильно раскачивались, «мертвый» счел за лучшее идти дальше пешком и спрыгнул с носилок, вызвав панику. Это действительно могло быть больно...

Иногда (редко) кто-то расплатился за фейки, как, например, когда в августе 2006 г. фотограф агентства Reuters был уволен за ложные изображения взрывов в Бейруте, окутанном черным дымом.

Кто-то вспомнит фотографию тела восьмимесячной девочки Лейлы аль-Гандур в мае 2018 г., которую палестинский отец отвез в больницу в секторе Газа, заявив, что она была убита израильским баллончиком со слезоточивым газом. Corriere della Sera на первой полосе, а также Los Angeles Times, The Guardian, New York Times, Huffington Post, Mirror, Daily Mail, Washington Post, все они освещали «мертвую» на израильской границе. По государственному ТВ Массимо Грамеллини зашел так далеко, что сравнил фотографию Лейлы с «картиной Караваджо»: смешно, если бы это не было серьезным вопросом. Вот почему. Выдумав ранее, что Лейла «умерла от отравления слезоточивым газом», неделю спустя само Министерство здравоохранения под руководством Хамаса ничего не могло сделать, кроме как опровергнуть это. Представитель министерства д-р Ашраф аль-Кидра заявил, что было проведено расследование и что

«Лейла аль-Гандур не числится среди мучеников».

В июне 2018 г. открылась еще худшая правда. 20-летний боевик Омар, родственник жертвы, арестованный после того, как он форсировал границу и поджег военный наблюдательный пункт, рассказал следующее: сам лидер Хамаса Яхья Синвар лично передал родителям маленькой девочке, Мириам и Анвару Гандурам, «8 тысяч шекелей», то есть около 2200 долларов или 2000 евро, чтобы они сообщили СМИ, что маленькая девочка умерла от удушья газом.

А вот вам еще одна непристойность прессы: национальный ТЖ 3 (выпуск в 14.30 от 22 ноября 2009 г.) «порадовал» нас подлинной жемчужиной мудрости. Некий Филиппо Ланди, корреспондент из Израиля, говоря о многочисленных ракетах, запущенных Хамасом в сторону Израиля, представил их так, как будто они были запущены только для того, чтобы привлечь внимание к ситуации, в которой находится население Газы. Фейерверк случайно?!

Одна из самых сенсационных и, следовательно, очень серьезных вымыслов - это выдумка, выдвинутая главой палестинской делегации в ООН Риядом Мансуром, который в октябре 2015 г. написал президенту Совета безопасности Великобритании Мэтью Райкрофту, утверждая, что солдаты убитые в бою израильтянами, были возвращены своим семьям с извлеченными органами. Ту же ерунду повторил муфтий мечети Аль-Акса. По правде говоря, эта болтовня ведется с 2009 г., то есть с того момента, когда в шведской онлайн-газете Aftonbladet была опубликована статья, датированная 2009 годом. Журналист начал с американской хроники, где был замешан также раввин, чтобы вытащить старое фото, сделанное по другому поводу: фотографию "зашитого" мертвеца. На самом деле тело принадлежало протестующему, убитому давно во время столкновений с израильской полицией. Израильская судебная система начала расследование и провела вскрытие, прежде чем вернуть тело семье: короче говоря, обычная администрация. Хорошо (или плохо) для шведа то, что газета «Jerusalem Post» обнаружила фейковую новость, и еще потому, что даже семья погибшего никогда не подозревала и не сообщала об изъятии органов. Наоборот, семья Билала Ахмеда Ганема, палестинца, убитого в мае 1992 г. во время первой интифады и чьи органы предположительно были изъяты, отрицает, что когда-либо подозревала или сообщала "журналисту" об изъятии органов. Дональд Бострем, известный шведской публике своей книгой «Иншаллах: Конфликт между Израилем и Палестиной», оправдывался тем, что никогда не писал это в явном виде, но что «зашитое» тело... «вызывало вопросы». В конце концов он ухудшил свою подмоченную репутацию, заявив на израильской радиостанции:

«Во всяком случае, правда это или нет, я понятия не имею, у меня нет доказательств» (sic!).

Чтобы замкнуть круг, брат Джалал добавил: «Я не знаю, правда ли это, — сказал он, — у нас нет никаких доказательств, подтверждающих это», и добавил, что он и некоторые его односельчане помнят, что видели в деревне во время похорон шведского фотографа, которому удалось сделать ряд фотографий тела перед захоронением. «Это был единственный раз, когда мы видели этого фотографа», — заключил он. Наверное и последний, так как ему лучше спрятаться за этот недостойный фарс.

Сейчас я бросил бы в вас фосфорную бомбу... Не волнуйтесь, это свидетельствует о еще одном бреде о якобы неизбирательном применении ЦАХАЛом фосфорных бомб, выдуманном в январе 2009 г. Кто опроверг эту последнюю мистификацию? Не мы, а непосредственно

Международный Красный Крест, который никогда не проявлял мягкости по отношению к Израилю, в заявлении, опубликованном в «Jerusalem Post» 14 января:

«Международный Красный Крест заявил во вторник, что Израиль стрелял снарядами с белым фосфором во время своего наступления на сектор Газа, но не имеет никаких доказательств того, что они использовались ненадлежащим или незаконным образом» (т.е. с целью попадания на кожу и ожогов или нанесения ужасных ран).

На самом деле израильтяне использовали это оружие для «освещения целей в ночное время или создания дымовой завесы для дневных атак», как заявил Питер Херби, руководитель подразделения минного оружия организации «Ассошиэйтед Пресс». Поэтому обратите внимание, что такое использование разрешено международными конвенциями. Хотите увидеть эффект барий-фосфорной бомбы на палестинского ребенка? Не говорите никому, но распространяемая фотография о предполагаемом ущербе от этих израильских бомб взята со страницы немецкой Википедии, посвященной ветрянке!

Однако, возможно, награда «Вранье года» достанется новостям, которые циркулируют повсюду и были опубликованы 22 октября 2015 г. иранским информационным агентством FarsNews (nomen omen), а также опубликованы в Италии гостелевидением Rai. Речь идет об израильском полковнике, который якобы был арестован в Ираке во время боевых действий на стороне боевиков ИГИЛ.

Мы не хотели бы нарушать фарсовую идиллию, но на фотографии изображен сержант-майор Орон Шауль, убитый Хамасом 20 июля прошлого года во время операции «Нерушимая скала»...

А что сказать об очень знаменитой фотографии на первой полосе «Нью-Йорк Таймс» от 30 сентября 2000 г., и опубликованной «Ассошиэйтед Пресс», которая обошла весь мир, с заголовком «Израильский полицейский и палестинец на Храмовой горе»? На ней видно на переднем плане молодого человека с окровавленным лицом, а сзади за ним – израильского полицейского, размахивающего дубинкой в дни восстания против Ариэля Шарона в мечети Аль-Акса. Правда состоит в том, что молодым человеком был еврейский студент из Чикаго Тувия Гроссман, который во время Рош ха-Шана, еврейского Нового года, сел в такси с двумя своими друзьями в Иерусалиме. Водитель решил срезать путь через арабский район Вади аль-Джоз, но внезапно на него напала группа из 40 арабов, которые окружили машину, разбили окна и вытащили мальчика; они неоднократно избивали его, пинали ногами, наносили удары ножом в ногу и забрасывали камнями в голову.

Сумев освободиться, он убежал к полицейскому, который встал на его защиту. Достаточно было посмотреть на наличие на фото заправочной станции и отсутствие надписей на иврите, чтобы понять, что это не было на Храмовой горе, как указано в подписи. Отец, узнав своего сына, позвонил в газету «Нью-Йорк Таймс», которая нехотя была вынуждена опубликовать опровержение.

Случилось также, что агентство Reuters распространило фотографию, на которой кинжал, которым террорист замахнулся на раненого израильского солдата во время инцидента в Мави Мармара, был "вырезан" из кадра.

Но давайте соберем, цветок за цветком, некоторые розыгрыши, идущие один за другим, например, тот, что произошел 11 марта 1997 г., когда представитель Палестины в ООН (Комиссия по правам человека) пожаловался, что Израиль ввел ВИЧ 300 палестинским детям.

Можно удавиться от смеха от достойных Оскара фейковых новостей 2002 г., когда было выдумано, что Израиль бросал отравленные карамельки с вертолетов.

А что сказать о той в 2003 г., об изготовлении бомб и мин в виде игрушек, сбрасываемых с самолетов?

Мы рискуем зайтись неистовым смехом даже от мысли о настоящем скандале, развязанном СМИ по поводу собаки, забитой камнями в Иерусалиме все теми же вероломными евреями (ТВ - ТЖ 2 и Corriere della Sera от 4 июня 2011 г.).

Еще одна ложь проскочила тут и там, датируемая апрелем 2012 г.; «новость» вышла от газеты L'Express, в которой изображены фальшивые израильские солдаты, плохо обращающиеся с псевдопалестинским заключенным, угрожающие ему оружием. Ах, извините, я беру свои слова обратно. Это было не что иное, как палестинская постановка в Ливане; бесполезно извиняться потом, как это сделала упомянутая газета.

Правда переворачивается с ног на голову, когда Open распространяетет видео о похоронах Ширин Абу Акле, чтобы показать, как пытались помешать их нормальному проведению. Брат журналистки Антон рассказал «Аль-Джазире», что семья, исповедующая христианство, хотела, чтобы гроб везли – согласно их обряду – на катафалке. Палестинцы силой «выкрали» гроб и хотели идти пешком, неся тело на плечах, согласно исламскому обряду шахидов (мучеников).Поэтому израильские силы вмешались, чтобы выполнить пожелания родственников.

К сожалению, и страница Facebook, на которой писал лично Джульетто Кьеза, не пропустила зов безумных. На странице с его именем 4 августа 2014 г., очевидно, без проверки, было опубликовано фото 2009 г., на котором показана маленькая девочка, закрывающая глаза своей кукле (чтобы она не видела чудовищности израильской истребительной войны). Кто-нибудь, пожалуйста, сообщите ему при случае, что фотография была сделана в горной деревне недалеко от Бурсы в Турции фотографом Фатихом Озенбашом Фото.

В завершение назовем лауреата премии «Антиизраильский мистификатор» последних двадцати лет, а именно «режиссера» Мохаммеда Бакри с его «документальным фильмом» «Дженин, Дженин» 2002 г. о борьбе с террористами-смертниками в этом районе. Клеветник ухитрился рассказать о бомбардировках с воздуха (без самолетов), о «братской могиле», вырытой израильскими войсками (которой никогда не существовало), о разрушении крыла больницы (никогда не являвшегося объектом нападения ЦАХАЛа). А как с интервьюируемым, который сообщил о ребенке, пронзенном пулей, которая вошла ему в грудь и вышла из спины? Он якобы спас его, освободив пальцем дыхательные пути в горле. Естественно, об этом ребенке нет никаких известий, любой врач знает, что ни один ребенок не смог бы выжить при прохождении пули через грудную клетку, а закупоренные дыхательные пути нельзя открыть пальцем. Оставим в стороне ради Б-га и Родины, другие галлюцинации «режиссера», такие как бронемашина для перевозки израильских войск, которая якобы раздавила лежащих на земле людей, преднамеренно убитых детей или историю палестинца, который был схвачен, в наручниках и расстрелян в упор. Какое пылкое воображение, а? Давайте признаем это.

Глава 7 – Арабское лобби

Односторонняя (диз)информация

Средства массовой информации во всем мире почти полностью поддерживают палестинцев; никто не может в этом сомневаться. Даже во время вторжения Путина в Украину не было дуги, которая объединяла бы трансверсальным образом, различные, если не противоположные, политические идеи, религии, нации и этнические группы.

И ведь даже со специальным навигатором мы не смогли бы найти новость о том, что, например, в 1988 г. под Илоном Море во время первой интифады была убита простая школьница Тирза Порат. А если бы мы нашли это в какой-нибудь очень маргинальной заметке, то прочитали бы, что это ее вина, что она не уехала из беспокойных палестинских деревень (sic!).

Мир с ног на голову!

Другие примеры? В начале 1988 г. журналисты собрались в больнице Эль-Мокассед в Иерусалиме, чтобы заснять «агонию» «умирающего» палестинского мальчика с трубками реанимационного аппарата в его теле; врач с типичной палестинской выдвижной слезой сообщил, что ребенка жестоко избили израильские солдаты. Все СМИ (так сказать...) некритически повторяли то, что, однако, было сенсационной постановкой, поскольку позже открылось, что, согласно вскрытию и медицинской карте мальчика, он умер от кровоизлияния в мозг после болезни, длившейся более года! Палестинцы знают, что когда они распространяют ложные новости, эти разойдутся по всему миру, как чистая монета; для средств массовой информации антиизраильские новости не зависят от фактов.

«France 2» (снова она) однажды показала детей, лежащих на белой простыне, предположительно погибших в бою в секторе Газа. В реальности это любительское видео было снято после того, как эти дети погибли в результате взрыва грузовика с боеприпасами Хамаса во время парада в секторе Газа в сентябре 2005 г.

Но самое позорное событие произошло, когда в начале второй интифады, 12 октября 2000 г., два израильских резервиста Йосеф Авраами и Вадим Новеше были линчеваны, а затем убиты разъяренным населением в палестинском полицейском участке в Рамалле. Ну, отважная итальянская репортер с Canale 5 все сняла на видео; эти изображения разошлись по всему миру. Назавтра после этого эпизода, неизвестно, какое он имел к этому отношение - но можно только предполагать, почему он это сделал, - Риккардо Кристиано, тогдашний корреспондент RAI в Израиле, почти стоя на коленях написал "фантоццианское" письмо извинений перед ПНА, опубликованное в ее собственной газете «Аль-Хаят Аль-Джадида»; в нем прилежный журналист растрепался, чтобы сообщить, что это не RAI рискнул, а Mediaset. Как будто это было благодарственное письмо за выполнение репортерской работы! Наслаждайтесь (и помилуйте) некоторыми интересными моментами из этого памятного письма:

«Мои дорогие друзья Палестины, мы поздравляем вас... мы всегда уважаем и будем продолжать уважать журналистские процедуры Палестинской администрации для журналистской работы в Палестине, и мы заслуживаем доверия за нашу точную работу. Мы благодарим вас за доверие и можете быть уверены, что это не наш метод действия (т.е. в смысле, что мы работаем не так, как другие телеканалы). Мы не делаем и не будем делать такие вещи. Пожалуйста, примите наши наилучшие пожелания».

Подпись: Риккардо Кристиано, Представитель официальной итальянской сети в Палестине.

Ментана, директор TG5, был вынужден «прервать корреспонденцию наших журналистов в зоне» в целях безопасности. Вскоре после этого смущенный генеральный директор Rai Пьерлуиджи Челли объявил, что отозвал обвиняемого журналиста обратно в Италию, как автора текста, о котором «Rai не знала и которого Rai не разделяет».

Министр иностранных дел Авигдор Либерман сказал истину, которая в общих чертах дает представление:

«...Эгоизм так называемых западных интеллектуалов, готовых во второй раз принести еврейский народ в жертву на алтарь сумасшедшего антисемитизма, лишь бы продать на несколько книг больше».

В другой раз, сообщая о нападении на пиццерию в Иерусалиме 9 августа 2001 г., в результате которого погибло 15 человек, террорист был назван «боевиком» самыми разрозненными (и отчаянными) СМИ (Los Angeles Times, Chicago Tribune, NBC Nightly News).

Аналогично, когда другие террористы убили четырех израильтян в супермаркете в Тель-Авиве 8 июня 2016 г., BBC говорила о «перестрелке» (Sky News, по сути, сделала то же самое).

Андерсон Купер из CNN сообщил, что внутри Газы Хамас тщательно контролирует информацию, следя за журналистами, чтобы узнать, что они делают и куда они идут.

Во время войны в июле 2014 г. польский журналист Войцех Цегельский подтвердил:

«Я не мог встретиться ни с кем, кто говорил бы без согласия Хамаса, ничего кроме официальной пропаганды. Но некоторые палестинцы, когда они были уверены, что мой микрофон выключен, сказали мне, что они терпеть не могут ада внутри Газы, но они боятся».

Ника Кейси из The Wall Street Journal, Джона Рида из Financial Times и Гарри Фира из RT объединяет то, что они были журналистами, которым угрожали смертью за то, что они «позволили себе» упомянуть о запуске ракет Хамасом.

Раджаа Абу Дагга, французско-палестинский журналист, сообщил в газете «Libération», что он был похищен Хамасом, доставлен боевиками в один из штабов террористической группировки в больнице Шифа и как ему было приказано немедленно покинуть страну под страхом смертной казни. Впоследствии «Libération» - по-демократически - удалил его статью. Угадайте почему...

22 мая 2021 г. директор операций БАПОР в секторе Газа Маттиас Шмале в интервью израильскому телеканалу позволил себе не оспаривать ритуальное заявление, согласно которому «израильские атаки были точными». Скандал! Хамас хотел, чтобы руководитель ООН сделал ложные заявления и заявил, что израильские атаки носили неизбирательный характер. После жестокого нападения на офис в Газе в мгновение ока он совершил крутой разворот; он извинился и заявил, что израильские атаки были «жестокими и неизбирательными» и привели к «неприемлемой и невыносимой гибели мирных жителей». Короче говоря, обычная пале-партитура, чтобы сошло с рук. Но для Хамаса этого

было недостаточно, он объявил его в числе «нежелательных людей в секторе Газа» и издал указ о его немедленной высылке.

Аналогичным образом, согласно репортажу Марвина Калба, «иностранных корреспондентов предупреждали на въезде [в южный пригород Бейрута. Нота автора], что они не могут удаляться одни или задавать вопросы жителям. Они могли фотографировать только тогда и там, где их помощники из «Хезболлы» позволяли им под страхом очень сурового наказания. Поэтому на фотографиях не существует партизанской войны Хезболлы, потому что создается впечатление, как будто Хезболла не вела никакой войны».

Ник Робертсон из CNN был доставлен в один район Бейрута, и «гид» Хезболлы сказал ему: «Не входи туда без их разрешения».

Коллега Робертсона по CNN Андерсон Купер рассказал одну из многих выдумок: во время одного тура «Хезболла» продемонстрировала несколько машин скорой помощи и заявила, что они уезжают, чтобы забрать раненых мирных жителей и жертв, хотя на самом деле они просто ездили взад и вперед! Il collega di Robertson alla CNN, Anderson Cooper, ha raccontato una delle tante finzioni: in un tour, Hezbollah aveva mostrato alcune ambulanze asserendo che si stessero allontanando per raccogliere civili feriti e vittime quando, in realtà, stavano solo facendo avanti e indietro! A вот что признал корреспондент журнала Time Magazine Кристофер Олбриттон:

«Южнее, вдоль изгиба побережья, «Хезболла» запускает «Катюши», но я не хочу говорить о них слишком много. У Партии Бога есть копия паспорта каждого журналиста, и они уже преследовали некоторых из нас и угрожали одному».

В ответ Жан-Пьер Мартен также признался:

«Мы снимали начало демонстрации. Внезапно внутрь торопливо въехал пикап. Внутри находились боевики «Аль-Фатх». Они отдавали приказы и раздавали коктейли Молотова. Мы снимали. Но вы никогда не увидите этих изображений.

В считанные секунды все молодые люди окружили нас, угрожали и увезли в отделение полиции. Там нас опознали, а также заставили удалить все спорные изображения. Палестинская полиция успокоила ситуацию, но подвергла цензуре наши изображения. Теперь у нас есть доказательства того, что эти беспорядки не были спонтанными. Все приказы исходили от палестинской иерархии». В других случаях палестинцы напрямую предоставляют материалы, касающиеся беспорядков, протестов и похорон, и «нет абсолютно никакой возможности гарантировать подлинность того, что снято», пишет корреспондент CNN Стивен Эмерсон. «В то время как палестинский политический терроризм на Западном Берегу с трудом попадает в заголовки газет, — добавляет он, — настоящие небылицы о жестокости Израиля публикуются некритически».

Короче говоря, американские сети «были замешаны в массовой дезинформации о конфликте на Западном Берегу».

Добавляет Пьер Рехов, псевдоним Пьера Мальвина, французского режиссера, писателя и журналиста:

«На Западном Берегу о них заботятся палестинские «переводчики», обученные сопровождать журналистов и показывать им только то, что они могут видеть, по словам палестинских лидеров. На всем Ближнем Востоке репортеры находятся под угрозой, за исключением Израиля». И если это еще не было ясно, он добавил:

«Во время работы над одним из моих документальных фильмов палестинец, возглавлявший мою съемочную группу, предложил мне сенсацию. Я француз, и он считал само собой разумеющимся, что я сторонник Палестины. — Знаешь, что имеет вес? – сказал он мне – Когда израильский солдат убивает мальчика. Тебя интересует? Это можно устроить за десять тысяч долларов. Мы можем это осуществить». Он говорил об инсценированном или реальном убийстве? Я не осмелился спросить». Пьер Рехов с горечью заключает: «Все режиссеры говорят одно и то же: если нет антиизраильского подтекста, это не интересует».

Associated Press, вероятно, самый важный поставщик новостей в мире, перечисляя 15 террористических атак в период с августа 1998 года по август 2003 г., не упоминает более 8 таких нападений на израильтян. Аналогичным образом, в годовом фотобуклете (2003 г.) из 130 фотографий человеческих страданий только 6 относятся к арабо-израильскому конфликту.

Угадайте, однако, кто были предполагаемыми жертвами этих фотографий? Все палестинцы. Легко, правда?

Летом 2009 г. Международная федерация журналистов исключила израильских журналистов из своей ассоциации, в то время как те, кто восхвалял ближневосточных диктаторов, спокойно остались на своих местах, как ни парадоксально. Короче говоря, страны, где единственной возможной свободой является обязанность аплодировать, получают вознаграждение. В то же время на самом сайте Федерации в разделе «Ближний Восток» Израиль был позорно пропущен и заменен на «Палестину» со столицей в Иерусалиме.

В августе 2002 г. Союз палестинских журналистов запретил своим коллегам-журналистам фотографировать палестинских детей с оружием или при участии в деятельности террористических групп; другой профсоюз (профсоюз палестинских журналистов) также запретил изображение людей в масках.

Когда в июле 2004 г. в секторе Газа прошли протесты против коррупции в ПА и Арафата – о которых мы уже подробно рассказали – палестинские журналисты, освещавшие их, получали угрозы смертью, а также реальные физические нападения. После этих событий около 100 палестинских журналистов отправились к Арафату, наверное, в знак протеста и формирования общего фронта за свободу информации? Нисколько!

Они пришли, почти стоя на коленях, и смиренно попросили прекратить насилие против них.

Даже в докладе всегда антиизраильской организации Human Rights Watch от 6 апреля 2011 г. пришлось признать насилие против палестинских журналистов – особенно на Западном Берегу и в секторе Газа (пытки, избиения, произвольные задержания) – со стороны местной полиции.

СМИ также делают вид, что не знают, что арабские лидеры и сторонники, когда они говорят с Западом, говорят одно, а когда они обращаются к своему миру на арабском языке, они выражают это другим, если не противоположным, способом. Как видно, Ясир Арафат и в этом деле был мастером лжи.

Вот что Memri TV обнаружило в так называемых руководствах, выпущенных Министерством внутренних дел Хамаса для западных журналистов, находящихся в секторе Газа. Под заголовком «Будьте осторожны – кампания по повышению осведомленности активистов социальных сетей» рекомендуется (читай «навязывается»), например, что «любой, кто убит или замучен в Газе или Палестине, должен определяться как «невиновный гражданский человек», даже если он был террористом». Каждая история обязательно должна быть представлена как «ответ на жестокое нападение Израиля». И наоборот, если источник является израильским, он сам по себе должен быть отнесен к «ненадежным источникам».

Есть еще серия советов для активистов, распространяющих информацию, направленную на Запад, через социальные сети, Интернет и видео:

«Избегайте дискуссий с жителем Запада, направленных на то, чтобы убедить его в том, что Холокост — это ложь. Подобные разговоры не приносят пользы. Вместо этого попытайтесь поставить Холокост и оккупацию на один уровень». Так что проблема не в том, что отрицать Холокост неверно, а в том, что это не окупается...

Написано бойкот, нужно читать антисемитизм

Трудно поверить - а может быть, мы уже к этому уже привыкли - но бойкот, касающийся арабо-израильского конфликта, направлен не против террористов, а против израильской демократии. Конечно, всегда находится оправдание терроризму; их вынуждает бедность. Ах, да? Если не беспокоит, послушаем, например, что рассказал двоюродный брат одного из двух палестинских террористов-смертников, взорвавших себя в пешеходном торговом центре в Иерусалиме в 2001 г., убив 10 человек в возрасте от 14 до 21 года:

«Эти двое ничем не были обделены».

Поэтому неудивительно, что в то время как на Израиль из сектора Газа падали почти 500 ракет, Суду Евросоюза не о чем было думать, кроме как о клеймении израильской продукции со «спорных» территорий специальной этикеткой с фразой о бойкоте. Не то чтобы подобные инициативы предпринимались, скажем, с турецкой нефтью на оккупированном Кипре, марокканской рыбой из Западной Сахары или китайской продукцией из Тибета. Нет, только против израильских товаров...

На протяжении многих лет шло соревнование, кто более враждебен по отношению к Израилю; Норвежский нефтяной фонд покинул компанию Африка-Израиль и вышел из компании Danya Cebus; Шведская Coop больше не продает израильские установки Soda Stream; университетский больничный центр Вальденса в Лозанне, один из главных больничных комплексов Европы, больше не желает покупать израильскую минеральную воду; Крупный норвежский профсоюз El & It Forbundet бойкотирует своего израильского коллегу Гистадрут.

Вот вам и «еврейское лобби», контролирующее все!

Хотя, как говорят, евреи контролируют также экономику, многочисленные европейские бизнес-институты начали бойкотировать израильские банки. Самый важный датский банк Danske Bank больше не хочет иметь отношений с израильским Хапоалимом; Самый известный голландский пенсионный фонд Pggm больше не инвестирует в пять финансовых учреждений еврейского государства. Vitens, первая голландская компания по водоснабжению, разорвала отношения со своим израильским коллегой Mekorot.

Все подчинены единой пропалестинской мысли.

В 2011 г. в Норвегии Алану Дершовицу, известному юристу и профессору университета, запретили посещать все норвежские университеты, которые должны были принять его, для проведения серии бесплатных лекций по международному праву; все во имя антиизраильского бойкота. Угадайте, кто в прошлом посмел бойкотировать Дершовица? Апартеидная Южная Африка, потому что он был адвокатом Манделы!

Нужно бы понять, что изменилось с 1974 г., когда, например, итальянские интеллектуалы объединились, открыто встав на сторону Израиля и, следовательно, на сторону демократического государства без претензий, без различий и без двусмысленности. Список высокопоставленных лиц из мира культуры, искусства и развлечений (например, Арнольдо Фоа) взял на себя обязательство в том же году, через год после Войны Судного дня, даже бойкотировать ЮНЕСКО, агентство ООН по культуре и образованию, пока он не перестанет быть пропалестинским.

Солидарность интеллектуалов с Израилем уже материализовалась в 1967 г. в Париже, когда был написан манифест, подписанный многими престижными интеллектуалами, включая Пабло Пикассо, Симону де Бовуар и Сартра. И в Италии во время Шестидневной войны обращение также подписали, в частности, Алессандро Галанте Гарроне, Норберто Боббио и др.

«Перед лицом арабской агрессии против Израиля и смертельной угрозы, которая... нависла над израильским народом, мы, демократические антифашисты, верные ценностям свободы, независимости и справедливости, сообща свидетельствуем о нашем чувстве полной солидарности с Республикой Израиль». Вы прочитали правильно. И, если бы этого было недостаточно, еще одно приглашение всем «немедленно приложить все усилия для защиты народа и Государства Израиль» подписал, например, также величайший режиссер, возможно, всех времен, итальянец Федерико Феллини.

Как сегодня, когда терроризм стал гораздо более угрожающим, позиции поменялись местами, остается загадкой (а возможно, и нет). Однако и тогда не было недостатка в примерах из страны амнезии, как, например, бывший сторонник фашистской Итальянской социальной республики Дарио Фо, который выступил против участия израильских писателей в литературном фестивале 1970 г. в Милане. По его причудливой идее, Аль-Фатх боролся за «освобождение Палестины» (читай – терроризм), подобно тому, как партизаны вели освободительную войну Италии (от нацифашизма). И это сказал он, бывший ИСР, который, возможно, воевал против... Еврейской бригады!

И как мы можем прокомментировать Альберто Асора Розу, академика и литературного критика, который во время первой войны в Персидском заливе имел смелость заявить, что евреи хотели бы «чудовищного, но неизбежного подтверждения еврейского расового превосходства». Какое отношение евреи имели к конфликту, в котором Ирак оккупировал Кувейт, и на который США (и их союзники) ответили военным путем, нам не дано знать.

Среди самих евреев есть люди, полные антиизраильской ненависти; например, цветок в петлице, американец Ричард Фальк, даже выгнанный из Human Rights Watch за его бред, что 11 сентября было американо-сионистским заговором, не щадил евреев в своем блоге, порхая антисемитскими карикатурами и называя израильтян нацистами. Известный американский еврейский лингвист и философ Ноам Хомский не является исключением: «Я не вижу антисемитского подтекста в отрицании существования газовых камер или даже Холокоста». Это, тот самый человек, который около 35 лет назад защищал отрицателя Холокоста Робера Фориссона; для него он был лишь «уважаемым профессором», выделяющимся своей «документированной критикой» и «обширными историческими исследованиями».

«Шоа» он намеренно взял в кавычки...

Злоба против Израиля имеет много последователей. Возьмем, к примеру, руководство Human Rights Watch: Джо Сторк, заместитель директора Департамента Ближнего Востока, похвалил резню израильских спортсменов на Олимпийских играх в Мюнхене и принял участие в антиизраильской конференции с диктатором Саддамом Хусейном.

А Марк Гарласко? В течение многих лет он был главным военным экспертом, а также военным корреспондентом организации в секторе Газа. Не проходило и дня без того, чтобы он публично не напал на Израиль, назвав законный запуск фосфорных трассирующих пуль в Газу (для освещения поля боя) «военным преступлением». А по ночам похожий на Паперника, но антисемитского, он бушевал в Интернете под именем «Flak88» со свастикой на аватарке. Кстати, Flak — немецкое оружие, а 88 в неонацистском коде соответствует «Хайль Гитлер» (восьмая буква алфавита). В этой новой личине, на экстремистских форумах он восхвалял нацизм и писал обзоры, восхваляющие книги, благоприятные для Гитлера. В конце концов HRW пришлось отмежеваться от него, и для них – только сейчас – как будто его никогда не существовало.

Сартр пророчески объяснял: «Если бы еврея не существовало, его бы изобрел антисемитизм».

Ведущий историк Холокоста Рауль Хильберг предупредил:

«Экономический бойкот евреев в нацистской Германии был первым шагом на пути к Холокосту. Тот самый крик «Raus mit uns» (вон с нами) сейчас вредит государству Израиль; нацистская угроза «Kauf nicht bei Juden» вернулась... [не покупайте у евреев – нота автора].

Таким образом, то нацистское движение является не чем иным, как дедушкой нынешнего современного движения Boycott, Disinvest, Sanction или BDS (бойкот, деинвестирование и санкции против Израиля). Парадоксально, но руководят им также и евреи (например, Илан Паппе, Гидеон Леви, Амира Хасс, американец Питер Бейнарт и т. д.).

BDS не занимается другими «империализмами», например, Турцией, которая с 1974 г. оккупировала треть Кипра 40.000 солдат, переселив туда - насильственно в массовом порядке - турецкое население из Анатолии, или оккупацией Марокко в Западной Сахаре или даже оккупацией Тибета. А вот Израилем, однако, да!

«Идея двух государств была неприемлема с самого начала», — заявил Омар Баргути, добавив, что «конец израильского контроля над Западным берегом — это лишь первый шаг на пути к демонтажу Израиля». Трудно понять, какое отношение разрушение Израиля имеет к защите палестинцев.

Пример их целей: завод Sodastream, расположенный в городе Мишор-Адумим на Западном Берегу, где работали сотни палестинцев, был закрыт после бойкота BDS. Сотни палестинских рабочих (и их семьи) потеряли работу, но BDS радовалась, терпя нападки – справедливые – со стороны новых безработных.

Даже представитель BDS, вокалист Pink Floyd Роджер Уотерс, нападения которого мы также находим на сайте крайне правой партии «Национальный фронт», прохрипел так: «Еврейское лобби контролирует все, даже Голливуд».

Тогда нужно сделать вывод, что и его успех также пришел в результате еврейского «пропуска»...

Одним из спонсоров и вдохновителей BDS является лидер «Нации ислама» неонацист Фаррахан, для которого евреи — «термиты».

27 апреля 2021 г. Human Rights Watch опубликовала доклад объемом более 200 страниц, в котором повторяется обычная нелепая мантра о том, что в Израиле существует раздутый «апартеид». Угадайте, кто основной автор этого отчета? Да, сам Омар Шакир, активно участвующий в кампании BDS. К концу этого безобразия приведем последнюю жемчужину: Хамас и бойкотисты, рука об руку, распространили «нежное» изображение коронавируса в форме Звезды Давида.

Да здравствует хороший вкус!

Голосом в пустыне стал немецкий парламент Бундестага, который подавляющим большинством голосов одобрил предложение, согласно которому BDS классифицируется как антисемитская и, следовательно, будет лишена поощрений и государственного финансирования, гарантированных всем некоммерческим организациям. Проблема не в бойкоте, который, безусловно, является неосязаемым свободным выражением мысли, а в том, что он часто основан на лжи.

В заключение, вот что написал Мартин Лютер Кинг в «Письме другу-антисионисту» в 1967 г.: «Послушай меня, дорогой друг, если ты имеешь что-то против Израиля, ты антисемит». И он разъяснил эту концепцию далее:

«Что такое антисионизм? Это отказ еврейскому народу в том фундаментальном праве, которого мы справедливо требуем для народов Африки и всех народов Земли. Друзья мои, это дискриминация евреев, потому что они евреи. Короче говоря, это антисемитизм... Пусть эти мои слова отзовутся глубоко в вашей душе: когда люди критикуют сионизм, они имеют в виду евреев. Невозможно ошибиться насчет этого».

Кроме того, когда к Мартину Лютеру Кингу обратился студент, критикующий сионизм, он повторил: «Когда люди критикуют сионистов, они имеют в виду евреев. Вы произносите антисемитскую речь». Прикрытую антисионизмом.

• • • •

«О-х-БА-х-МА-х»

Начнем с конца; давайте развеем клише еврейского лобби, или, корректнее, давайте также проанализируем другую сторону медали, сторону арабского лобби, и, значит, пропалестинского, рожденного еще до Израиля.

Утверждение, уже устоявшееся, но совершенно не заслуживающее доверия, состоит в том, что Соединенное Королевство и США помогали израильтянам компактно и непрерывно. Вы помните, как Великобритания передала 3/4 Земли Обетованной недавно созданному Хашимитскому Королевству, которое получило название Иордания? Это была не единственная британская поддержка: Лондон вооружил и обучил иорданский легион, которым даже командовал британский офицер. А как насчет так называемой «Белой книги» по еврейской иммиграции в Палестину (в то время как сами британцы допускали и даже способствовали массовому прибытию арабов)? Среди прочего, если Соединенное Королевство было настолько произраильским, то непонятно, почему - в одном из очень редких случаев израильского терроризма - был разбомблен дворец «Царь Давид», в котором размещался британский оккупационный штаб. Кстати, стоит уточнить, что 28 англичан погибли только потому, что проигнорировали сигнал тревоги, поднятый перед взрывом, поскольку перед взрывом всех, находящихся внутри, предупредили об эвакуации.

А США? Малоизвестно, что Госдепартамент США запретил отправку оружия на Ближний Восток 5 декабря, через несколько дней после принятия резолюции ООН о разделе, против которой, как арабы уже высказались, они будут применять насилие. Эмбарго, которое, вместо того, чтобы быть справедливым, очевидно, ставило в невыгодное положение только тех, у кого не было структурированного государства и, следовательно, армии с соответствующим вооружением. «Иначе, — предупредил заместитель госсекретаря Роберт Ловетт, — арабы могут использовать оружие американского производства против евреев, или евреи могут использовать его против арабов»; От него ускользнуло, что оно уже было у арабов до войны. Имейте в виду, что три президента США того времени одобряли эту несправедливость.

Более того, во время Второй мировой войны союзники не были готовы поддерживать еврейскую иммиграцию в Палестину, даже когда было ясно, что евреи хотят сбежать от Гитлера. Среди евреев-жертв нацизма, нашедших убежище за границей в период с 1935 по 1943 г., только 8,5% поселились в Палестине. Соединенные Штаты ограничили прием евреев до 182.000 (менее 7%), Великобритания - до 67.000 (менее 2%). Подавляющее большинство, т. е. 75%, нашли убежище в Советском Союзе. Мы увидим это в революционном абзаце off в конце этой книги. Напишем заранее, что американцы повторили, что к евреям не следует относиться иначе, чем к любой другой группе, и, следовательно,

Департамент даже выступил против помощи Американского Красного Креста беженцам в Палестине.

Единственное оружие, которое дошло до израильтян для защиты от арабской агрессии, поступило из Чехословакии контрабандой. Впоследствии французы и англичане поставляли арабам оружие и технику, лицемерно сохраняя при этом эмбарго против евреев. И действительно, в конце 1948 и начале 1949 г. было вполне естественно видеть, как самолеты британских ВВС летали рядом с египетскими эскадрильями вдоль израильско-египетской границы.

С созданием ООН в апреле 1945 г. формально возникло организованное арабское лобби, учитывая, что пять арабских государств уже имели официальные делегации в Сан-Франциско (Египет, Ирак, Саудовская Аравия, Сирия и Ливан); это была вторая по величине из сорока девяти делегаций, не считая других проарабских организаций. Одновременно в Вашингтоне был открыт арабский информационный офис, а проарабские ораторы начали лоббировать в университетских кампусах, где должно было родиться новое гражданское общество американских интеллектуалов. Не следует также забывать о действиях арабистов Госдепартамента США и американских протестантских миссионеров. Лобби нефтяных компаний также стартовало из Сан-Франциско и полностью финансировало саудовскую делегацию и группу важных американских журналистов в свою пользу. Представитель сионистов Элиаху Илат тогда прокомментировал: «Несмотря на традиционный ваххабитский пуританизм, арабы на борту подняли тост с журналистами с чем-то более крепким, чем лимонад или кока-кола».

У еврейских представителей не было сплоченности и единой официальной политики. Если привести лишь несколько примеров, эффект арабского лобби, проявился в том, что президент Чили, который хотел было проголосовать за раздел, был убежден арабами воздержаться. То же самое относится и к греческому послу, который признал, что от имени своей страны совершил сделку с мусульманскими государствами; впоследствии арабская поддержка Греции будет оказана по другим вопросам, интересующим греков.

В Европе тоже прострация перед палестинцами взывает о мести. Даже Коссига признался в этом, обвинив Италию в том, что она позволила палестинскому терроризму атаковать еврейские объекты на территории Италии, в так называемом Лодо Моро. В интервью, данном 3 октября 2008 г. израильской газете «Едиот Ахронот», он раскрыл:

«В обмен на «свободу рук» в Италии палестинцы обеспечили безопасность нашего государства и [иммунитет – нота автора] итальянских объектов за пределами страны от террористических атак. Пока эти объекты не сотрудничали с сионизмом и государством Израиль».

Этот пункт был эквивалентен своего рода лицензии на убийство евреев, «сторонников сионизма», несмотря на Лодо Моро. Вывод Коссиги был безапелляционным: «Мы вас продали». Очевидная ссылка на известное нападение на синагогу в Риме 9 октября 1982 г., в результате которого был убит двухлетний Стефано Гай Таче и 37 человек получили ранения. Почему? Начиная с 18 июня 1982 г., SISDE несколько раз сообщал о «серии нападений на израильские или европейские еврейские объекты». 27 июня SISDE возобновил тревогу, направив «конфиденциальную записку», согласно которой группы палестинских студентов «планируют» нападения на еврейские объекты в Риме, в первую очередь на синагогу. Другая нота от 27 августа 1982 г. содержала неофициальную просьбу федаинов к Италии о «признании ООП и дела палестинского народа». Было добавлено, что уже две организации в составе ООП, а именно Народный фронт освобождения Палестины Джорджа Хаббаша и Народно-демократический фронт освобождения Палестины Хаватме, контрабандой переправляли своих коммандос в Европу. Впоследствии с 18 июня по 9 октября было отправлено 16 сообщений о возможных нападениях в Италии: последнее — 2 октября, за неделю до нападения. Наиболее явным и точным является сообщение от 25 сентября (также отправленное для информации в Министерство внутренних дел), в котором SISDE заявило о возможности нападений палестинской диссидентской группы во главе с Абу Нидалем «до, во время или сразу после Йом Кипура, который в этом году выпадет на 27 сентября». И из посольства Израиля в те же месяцы поступило конкретное предупреждение. Правительство не защитило синагогу, и более того, не только не было усилено наблюдение, но 9 октября не было даже полицейской машины, которая обычно стояла там во время религиозных праздников или церемоний. Наблюдение за синагогой и гетто было установлено только с 19:00 вечера до 7:00 следующего утра. Почему?

Мы все догадываемся об ответе.

Любой может убедиться, насколько мощным является антиизраильское давление, по американскому документальному фильму «Аньелли» 2017 г., который можно посмотреть на Sky. Мы в период кризиса, который начался в 1973 г., (первый нефтяной шок после войны Судного дня), и Fiat немедленно нуждается в иностранном капитале; Джанни Аньелли продает Каддафи 10% акций FIAT (1976), затем звонит своему «другу» банкиру Мишелю Дэвиду Вайлю, который рассказывает:

«Он сказал мне уйти в отставку, потому что новые партнеры не хотели бы видеть еврейскую фамилию в совете директоров Fiat. Потом, до свидания». Аньелли? «Человек, совершенно лишенный чувств. Так он устроен».

Пропустив десятилетия, после соглашений Осло, Соединенные Штаты тоже, вслед за всеми другими странами мира, начали предоставлять огромные экономические средства палестинцам. Речь идет о невероятной цифре более 5 миллиардов долларов; с примерного среднегодового показателя в 70 миллионов долларов в период с 1994 по 1999 г. она выросла до 170 миллионов долларов в период с 2000 по 2007 г. и достигла примерно 400 миллионов долларов с 2008 г. Более 60% ВВП ПНА фактически состоит из помощи фондов США, Европейского Союза, ООН и Всемирного банка. В целом в 2013 г. палестинцы получили международную помощь на сумму 793 миллиона долларов; ни одна нация в мире не достигает таких абсурдных цифр.

Но даже сегодня внутри США арабское лобби дает о себе знать; существует огромное количество арабистских аналитических центров, университетских кафедр и журналистов, имеющих интересы или связи со многими арабскими странами, которые служат опорой для антиизраильской идеологии. И как тут не говорить о саудовском лобби, т. е. нефтяной индустрии, чрезвычайно мощной в США, как и во всем мире. Очевиден интерес этих секторов США в поддержании прочных отношений с основными государствами Ближнего Востока (Ирак, Иран, Саудовская Аравия и Эмираты Персидского залива). То же самое касается производителей оружия, самолетов и высокотехнологичных компаний; например, с сентября 2005 г. по сентябрь 2006 г. в эти отрасли поступило около 21 миллиарда долларов США от продаж оружия за границу. Речь идет почти о двойном объеме, проданном в предыдущем году! Кто купил это? Саудовская Аравия (вертолеты Black Hawk, бронетранспортеры Abrams и Bradley на сумму 5,8 млрд долларов и другая техника); Бахрейн, Иордания и Объединенные Арабские Эмираты (1 миллиард долларов на дополнительные вертолеты Black Hawk); Оман (противотанковый ракетный комплекс стоимостью 48 миллионов долларов) и многие другие компании в этих регионах.

Неверно также и то, что все президенты (или бывшие) были, я бы не сказал, произраильскими, но, по крайней мере, на равном расстоянии. Мы уже говорили, на что были способны 3 президента США во время и после рождения израильского государства.

Бывший президент Картер определенно граничит с антисемитизмом, поскольку он всегда выступал против всего, что делал Израиль (даже если он просто вводил войска в Ливан, аннексировал Голанские высоты в оборонительной войне, содействовал созданию собственных поселений в целях безопасности или признавал Иерусалим своей столицей).). Он счел целесообразным обвинить Израиль в нарушении прав человека, используя документацию, переданную ему ООП. Сам же этот джентльмен написал книгу с символичным названием «Палестина: мир, а не апартеид». Когда Арафат хотел поддержать Саддама Хусейна во время вторжения в Кувейт и по этой причине саудовцы решили больше не оказывать финансовую поддержку ООП, палестинский лидер лично попросил Картера поехать в Эр-Рияд и выступить посредником, чтобы вернуть ему драгоценное финансирование саудовцев. Дошло до смешного в 1996 г., когда он с помощью своего Центра Картера следил за выборами Палестинской национальной администрации, которые, по его словам, были «хорошо организованными, открытыми и справедливыми». Кто был немного лучше информирован, а именно бывший директор ЦРУ Джим Вулси, высмеял его: «Арафат был, по сути, «избран» так же, как и Сталин, но не так демократично, как Гитлер, у которого, по крайней мере, было несколько реальных оппозиторов». Бывший президент дал такую же похвалу в редакционной статье, посвященной выборам 2002 г. В апреле

2008 г. Картер, возложив венок цветов на могилу Арафата, публично обнял лидера Хамаса Насера Шаера; позже он также побывал в Сирии, чтобы встретиться с находящимся в изгнании лидером Хамаса Халедом Ма-Шаалем.

Но все ли это происходит/происходило бесплатно? Конечно, нет; получает/получал миллионы долларов в виде пожертвований Центру Картера из Саудовской Аравии, а также из других арабских источников. О них сообщила газета Investor's Business Daily: например, король Саудовской Аравии пообещал 1 миллион долларов во время визита Картера в Саудовскую Аравию в 1983 г.; скандальный банкир BCCI Ага Хасан Абеди пожертвовал 500.000 долларов Центру и 10 миллионов долларов на другие проекты Картера; Друг Арафата Хасиб Саббаг, чья строительная компания стала субподрядчиком Bechtel, служил связующим звеном между Арафатом и Картером; в 1990 г. Картер также посетил Рафика Харири, тогдашнего президента Ливана, который был женат на палестинке, и получил 250.000 долларов для Центра Картера; Саудовский торговец оружием Аднан Хашогги собрал сумму в 50.000 долларов для сбора средств Центра в октябре 1983 г., по совпадению... через шесть месяцев после того, как Картер превозносил достоинства Саудовской Аравии на саудовской торговой конференции в Атланте; в 1993 г. король Саудовской Аравии Фахд пожертвовал Центру 7,6 миллиона долларов; в 2005 г. племянник короля, принц Аль-Валид бин Талал, пожертвовал Центру Картера не менее 5 миллионов долларов; В 2000 г. десять братьев Усамы бен Ладена совместно пообещали ему 1 миллион долларов, как и султан Кабус бен Саид из Омана в 1998 г. Другое финансирование поступило от Саудовского фонда развития и Кувейтского фонда арабского экономического развития, а также от Фонда развития ОПЕК. В 2001 г. Картер получил Международную премию Заида в области окружающей среды в размере 500.000 долларов от Центра Заида в Абу-Даби; что и сказать, действительно хорошее место, если бы не тот факт, что здесь также принимали отрицателей Холокоста, предполагали еврейский заговор, стоящий за событиями 11 сентября, и заговор типа «Сионских мудрецов» с целью доминировать над миром. Действительно приятные люди... Кстати: кто такой шейх Заид бин Султан ан-Нахайян? Известный антиизраильский антисемит.

Не менее антисионистом являлся Ричард Никсон, президент от правых республиканцев, который при перехвате так называемых «Документов Пентагона» (1971-1973) продемонстрировал следующий отвратительный образец, который мы не рекомендуем тем, кто страдает желудочно-кишечными заболеваниями: «Евреи созданы шпионами. Вы заметили, сколько их? Их по уши!»; «Я хочу, чтобы проверки были проведены во всех деликатных сферах, где задействованы евреи!»; «Мы должны назначить ответственным кого-то, кто не из них и кто сможет следить за евреями вместо нас. Ясно?"; «Во-вторых, большинство из них нелояльны. Они восстанут против тебя!» Служащий иммиграционного агентства, виновный только в выполнении своей работы, был прозван «еврей по имени Розенберг. Этого нужно убрать с дороги. Его нужно убрать с дороги!» Дважды, как будто было непонятно. И, наконец, «вишенка на торте»: «Клянусь, хотелось бы, чтобы кто-нибудь добрался до Кеннеди, великого сукина сына! Кроме того, на него работает армия евреев!» Отягчающее обстоятельство...

Барак Обама также отличился своей грубой ложью или невежеством, на ваш выбор, об Израиле. Вы найдете их в 25-й главе «Земли обетованной», первого из двух томов его мемуаров. Бывший президент США рывком стартует с с идиотскими высказываниями:

«Декларация Бальфура 1917 года была опубликована британцами, оккупировавшими тогда Палестину».

Я вас несколько побеспокою, но я бы отметил, что 2 ноября 1917 г., в день, указанный тем, кто держал бразды правления величайшей мировой державой, англичане еще не «оккупировали» Палестину. Войска генерала Алленби вошли в Иерусалим только 11 декабря 1917 г.

Вы скажете, серьезная оплошность, но только одна... о нет! «В течение следующих трех десятилетий Израиль будет участвовать в серии конфликтов со своими арабскими соседями». Здесь мы имеем дело с жалкой ложью, подобной той, которую можно увидеть, когда террористическую атаку хотят замаскировать, превратив ее в заголовках СМИ в «драку». Попытка скрыть мотивы, провокации и нападения арабов на израильтян очевидна.

Однако ему удается сделать еще хуже, когда в своем личном уголке хорошего юмора он заявляет, что «сионистские лидеры мобилизовали волну еврейской миграции в Палестину и организовали высококвалифицированные вооруженные силы для защиты своих поселений». Тот факт, что еврейская иммиграция на самом деле была сильно ограничена англичанами, а, как было уже показано, была облегчена и осуществлена иммиграция арабов, (в лучшем случае) полностью им игнорирован.

И это не все.

«Когда Великобритания ушла, обе стороны быстро погрузились в войну». Погрузились?! Арабы угрожали уничтожить евреев и до, и сразу после голосования по разделу; доказательством этого является то, что четыре арабские страны пытались вторгнуться в часть, предназначенную для Израиля.

В главе, посвященной арабскому лобби, после АИК, пропагандистские злодеяния которого мы уже обрисовали, не может быть пропущена хронологическая ссылка на другие мусульманские организации, со структурой в США, такие как Совет по американо-исламским отношениям (CAIR) с 1994 г. ; она родилась как идея в 1993 г., когда члены Хамаса и его сторонники в Филадельфии решили бойкотировать недавно подписанные соглашения в Осло. Помощник генерального прокурора Рональд Вейх заявил, что стенограммы и доказательства судебного процесса над Фондом Святой Земли продемонстрировали отношения между отдельными основателями CAIR и Палестинским комитетом, а также между последним и Хамасом. В другом случае федеральные прокуроры уточнили: «С момента своего основания лидерами «Братьев-мусульман» CAIR вступила в сговор с другими филиалами «Братьев-мусульман» с целью поддержки террористов». В 2008 г. ФБР разорвало контакты с CAIR; бывший руководитель отдела по борьбе с терроризмом ФБР Стив Померанц сообщил: «CAIR защищал людей, причастных к террористическому насилию, включая лидера ХАМАС Мусу Абу Марзука». CAIR продолжает укрепляться благодаря постоянному иностранному финансированию; от Саудовской Аравии (250.000 долларов) до Фонда правителя Дубая (1 миллион долларов), от Банка Кувейта (кредит в 2,1 миллиона долларов) и саудовского принца Аль-Валида бин Талала (пожертвование в размере 500.000 долларов) до саудовского принца

Абдаллы бин Мосаада (112. 000 долларов). CAIR также получила пожертвования от Всемирной ассамблеи мусульманской молодежи, которая близка к Саудовской Аравии и которая исповедует экстремистские исламские идеи. Это арабское лобби настолько сильное, что CAIR в 2002 г. убедил режиссеров адаптировать бестселлер Тома Клэнси «Сумма всех страхов», заменив арабских террористов из романа неонацистами. Режиссер фильма, почти с благодарностью, приласкал CAIR: «Надеюсь, теперь вы будете удовлетворены тем, что я не собираюсь изображать негативные образы арабов или мусульман».

Помимо CAIR, существует также Американский мусульманский совет (АМС), основанный в 1990 г. С типичным палестинским «и нашим, и вашим» АМС на словах борется с терроризмом, но не хочет осуждать террористические группировки, такие как Хамас и Исламский джихад, добавляя, что для них , те, кто борется с террористами, на самом деле борются только с «мусульманами и арабами как таковыми».

Основатель АМС Абдурахман Аламуди даже был пойман на камеру, когда он прославлял подвиги Хамаса и Хезболлы во время исламистской демонстрации. Опять же, на пропалестинской демонстрации перед Белым домом в 2000 г. он подстрекал толпу: «Мы все сторонники Хамаса... Я также сторонник Хезболлы». Ничего он, так сказать, не упускает... В Бейруте его сфотографировали во время конференции вместе с представителями "Аль-Каиды", "Исламского джихада", "Хамаса" и "Хезболлы". Его перехватили, когда, говоря о нападении на центр еврейской общины Буэнос-Айреса в Аргентине в 1994 г., в результате которого погибли восемьдесят шесть человек, он назвал это «достойной операцией».

За этими протеррористами стоят определенные христианские организации, такие как Комитет службы американских друзей, Национальная конференция католических епископов, Национальный совет церквей Христа и Пресвитерианская церковь. Все вместе они написали письмо протеста в пользу АМК, названной «главной мусульманской группой в Вашингтоне». Сенсационный антиизраильский автогол «забил» Международный уголовный суд в Гааге (ICJ), начав уголовное расследование против Израиля и Хамаса. В чем проблема? Он постановил, что палестинские территории будут обладать юрисдикцией

Статута Трибунала, и это является юридической мерзостью, поскольку Международный Суд может иметь юрисдикцию только над уже признанными государствами. Признание ПНА (Палестинской национальной администрации) является противозаконием прежде всего. Кроме того, ни Израиль, ни США никогда не ратифицировали этот договор, поэтому решения Международного уголовного суда не имеют для них никакой ценности.

А ООН? Возможно, это прародитель арабского лобби. Минутой молчания была даже отмечена смерть лидера северокорейского режима Ким Чен Ына. Это был, так сказать, тот самый человек, который через своего министра иностранных дел выступил с заявлением, достойным переворота мира, в котором он дал определение Израилю:

«государство-спонсор терроризма, стремящееся уничтожить другие нации», которое «превратило всю Газу в человеческую бойню и место массового убийства детей», и что это проистекает из его «человеконенавистнического духа и стремления к территориальной экспансии». Если подумать... медаль за заслуги для Израиля.

А как о том же самом Пан Ги Муне, который захотел минуты молчания в память всех жертв терроризма в мире во время Парижской конференции по климату, не упоминая, смотри-ка, тот же Израиль? То же самое сделали Папа Бергольо, Джо Байден и другие международные лидеры.

С 1970-х годов блок наций против Израиля (почти все автократии и диктатуры) в Генеральной Ассамблее стал сильнее, чем когда-либо. Например, 10.11.1975 г. (в годовщину «Хрустальной ночи»!) на Пленарной Ассамблее ООН 143 государства проголосовали за знаменитую Резолюцию об израильском расизме, расистские государства, как хорошо знают курды и евреи Ирака, мусульмане Индии и индусы Пакистана, чернокожие Судана. Хорошая коалиция уважаемых людей... нечего сказать! А кто тогда был генеральным секретарем? Австриец Курт Вальдхайм, чьи доказательства его нацистского прошлого были обнаружены в 1986 г. в архивах ООН. Шестнадцать лет спустя, 16 декабря 1991 г., 111 голосами за, 25 против и 13 воздержавшимся, Генеральная Ассамблея, потеряв по дороге кое-какую диктатуру, нашла голоса, чтобы отозвать это позорище.

Если мы секционируемруем 175 резолюций Совета Безопасности ООН, принятых до 1990 г., 97 окажутся направленными против Израиля. Из 690 резолюций Генеральной Ассамблеи ООН, принятых до 1990 г., 429 были против Израиля. И наоборот, когда вплоть до 1967 г. разрушались синагоги, когда иорданцы систематически оскверняли древнее еврейское кладбище на Елеонской горе, когда иорданцы применяли политику апартеида, не позволяя евреям посещать Храмовую гору и Стену Плача (Котель), ООН хранила странное молчание. Из резолюций есть действительно смешные, такие как № 162/1961 против того, что Израиль провел генеральную репетицию военного парада в той части Иерусалима, которая признана ООН находящейся под контролем Израиля. Король Иордании Хусейн выразил протест, и Совет ООН, как всегда подобострастный, официально призвал Израиль. Резолюция №. 250/1968 была такого же содержания, но и в этом случае– справедливо – Израиль провел свой свободный и демократический национальный праздник. Обратите внимание, однако, что из 65 резолюций Совета Безопасности ООН, о которых говорится, что они всегда направлены против Израиля, только 17 (26%, или чуть более четверти) на самом деле таковыми кажутся. Остальные 48 резолюций осуждают тот факт, что Израиль «осмелился» отреагировать на арабский терроризм... Хорошо ли, плохо ли, но когда без этого невозможно обойтись, упоминаются Израиль «и все другие участвующие стороны».

Но сегодня, когда уже нет просоветского, а значит, и промусульманского доминирования, в ООН насчитывается 193 члена, из которых 120 по-прежнему принадлежат к так называемому «Движению неприсоединения», т.е. те, которые во время холодной войны не были ни с Западом, ни с советским блоком; чтобы иметь о них представление, они выбрали Иран в качестве представителя. Среди них 56 членов Организации исламского сотрудничества.

29 ноября, день, когда в 1947 г. ООН разделила Палестину, был объявлен «Международным днем солидарности с палестинским народом»; все сопровождалось гнусными антиизраильскими выступлениями, фильмами и выставками. Во время одного из таких мероприятий была показана карта Ближнего Востока без Государства Израиль, замененная несуществующей «Палестиной». Во время

празднования 2007 г. (то есть шестидесятой годовщины Резолюции о разделе) было только два флага: флаг Организации Объединенных Наций и палестинский флаг.

Чтобы понять односторонний антиизраильский позор этих институтов ООН, давайте дадим слово, а не отрицать, бывшему послу Израиля в ООН Дэйру Голду в 2000 г., сразу после вывода войск из Ливана.

Вот (ужасные) факты. Трое израильских солдат были похищены на фермах Шебаа на Голанских высотах; Израильские службы знали, что похищение было снято камерами ВСООНЛ (UNIFIL), миротворческой миссии ООН. Посланник Кофи Аннана на Ближнем Востоке Терье Рёд-Ларсен опроверг существование видео. Что произошло дальше? UNIFIL признались, что у них есть пленка, на которой запечатлено то, что до этого отрицалось; таким образом, преступники остались на свободе, а о похищенных больше ничего не было известно.

Из-за пропалестинского лобби в ООН о нацистском Холокосте никогда не вспоминали до 2005 г., несмотря на то, что генеральный секретарь Аннан напомнил, что ООН родилась как ответ на нацистские концентрационные лагеря. В 1995 г., в пятидесятую годовщину освобождения Освенцима, Россия и арабские страны выступили против проведения специальной сессии по Холокосту; только 150 государств из 191 проголосовали за празднование 60-летия, и то, лишь после того, как Кофи Аннан пообещал проголосовать (что он и сделал) за резолюцию против израильской стены. Чтобы дать представление об обстановке, в памятную дату, 24 января 2005 г., места арабских и мусульманских стран оставались пустыми; лишь Афганистан, только что освобожденный американцами, Турция и Иордания сделали акт присутствия.

Арабское лобби также породило в 1975 г. Комитет по неотъемлемым правам палестинского народа, который служил лишь для сбора миллионов долларов в виде финансирования для производства марок, организации встреч, подготовки фильмов и проектов резолюций в поддержку палестинских «прав». То же самое касается Совета ООН по правам человека (органа, который в 2006 г. заменил Комиссию по правам человека); в нем мы встречаем диктатуры или автократии, такие как Саудовская Аравия, Катар и Венесуэла. Цель всегда одна: атаковать израильскую демократию, тем временем прикрывая глаза огромными кусками ветчины перед трагедиями в Дарфуре, Китае или Кубе (которые, невероятно, имеют места в Совете). В 2007 г. Судан возглавлял Комиссию по надзору за соблюдением прав человека, хотя ее президентом был... послушайте, Омар Хасан аль-Башир, знаменитый создатель геноцида в Дарфуре. В 2013 г. Иран был избран в Комиссию, отвечающую за разоружение... в соответствии с финансированием, которое он дает террористам, с расширением ядерной программы в этих регионах, размахивая ей в угрозу Израилю. Персидскую диктатуру тогда даже назначили вице-президентом Юридического комитета Генеральной Ассамблеи. А Израиль, как это ни парадоксально, не может принять участие в Женевской комиссии по правам человека, несмотря на то, что это единственная страна на Ближнем Востоке, которая их соблюдает. Конечно, можно утверждать, что Израиль обладает ядерным оружием и поэтому представляет опасность. Однако разница с Пакистаном, Индией и Северной Кореей заключается в том, что Израиль никогда не проводил ядерные испытания и не угрожал использовать его в какой-либо оборонительной войне.

А Совет ООН по правам человека? В 2009 г. он назначил комиссию по расследованию предполагаемых военных преступлений Израиля, совершенных во время войны с Хамасом. Угадайте, кто в этом участвовал? Кристина Чинкин, та самая, которая обвинила Израиль в военных преступлениях еще до начала расследования! Комиссия – что неудивительно – приняла все за чистую монету и построила почти весь свой 575-страничный отчет на непроверенных отчетах палестинцев и НПО. Согласно этому документу, Хамас якобы не совершал терроризм против мирного населения, и поэтому Израиль не имел права защищаться.

А как насчет Всемирной конференции ООН по борьбе с расизмом в Дурбане, Южная Африка, в 2001 г.? Полностью подчинена арабскому лобби, направленному против Израиля.

Вам нужны голые данные? Население Израиля составляет 0,10% населения мира, но имеет 40% голосов в Генеральной Ассамблее против него.

Бывший генеральный секретарь ООН Кофи Аннан, выступая со вступительной речью на 61-й сессии Генеральной Ассамблеи в 2006 г., признал, что институты ООН применяют двойные стандарты в зависимости от того, судят ли они Израиль или другие государства, которые ведут себя так же (или хуже).

Я спрашиваю всех вас: есть ли еще у кого-нибудь смелость говорить (только) о еврейском лобби?

• • • •

Союзники «сообщники» окончательного решения?

Хотя я не обнаруживаю прямой тематической связи с очерком, я решил в конце еще раз предложить, вкратце, эту главу из предыдущего моего тома; это откроет вам глаза на скрытый позор Великобритании и США.

Книга, мягко говоря, фундаментальная, написанная историком и уважаемым профессором еврейской религии американского университета Ричардом Д. Брейтманом, основанная на новых открытиях в американских и британских архивах, касающихся Холокоста, действительно незаслуженно неизвестна.

Запрос ознакомиться с частью архивов, касающихся поведения США в отношении еврейского Холокоста во время Второй мировой войны, представленный историком Американскому национальному архиву (АНБ), сразу же встретил сопротивление, если не явную оппозицию. Первый уклончивый ответ последовал через 9 месяцев; возможность проконсультировать часть того, что было запрошено, была предоставлена спустя еще очень длительный период времени. С таким же запросом к британским архивам пришлось опираться на давление со стороны СМИ, а также некоторых сенаторов в Палате лордов. Лишь после победы Блэра в 1997 г. появился проблеск надежды. Тот же запрос был сделан и в швейцарские архивы, но они остались недоступными для историков.

Почему возникла решительная оппозиция со стороны правительств США и Великобритании? Что предположительно хотели скрыть?

«В мае 1943 года посольство Польши в Лондоне предоставило Министерству иностранных дел... отчет из первых рук (в целом точный) о геноциде, произошедшем в Треблинке, которую автор считал центром уничтожения европейских евреев. Однако в документе упоминаются и другие лагеря, подлежащие ликвидации, в том числе Освенцим».

8 декабря 1942 г.

«Морис Вертхайм из Американского еврейского комитета, Адольф Хелд из Еврейского комитета, Генри Монски из Бнай Брит, Исраэль Розенберг из Союза ортодоксальных раввинов США и раввин Стивен Уайз передали президенту Рузвельту меморандум о «плане истребления», в котором был специальный раздел, посвященный приказу Гитлера уничтожить евреев... Уайз умолял Рузвельта представить миру план геноцида и сделать все возможное, чтобы остановить его. Президент ответил, что правительство уже было в курсе (sic!) почти обо всех событиях (подтверждение пришло от представителей США в Швейцарии и других странах)».

Как англо-американцы отреагировали на просьбу принять еврейских беженцев, чтобы помочь им избежать смерти?

«Министр внутренних дел сообщает, что его ведомство готово принять [в Великобритании – прим. автора] ограниченное количество беженцев, скажем, от тысячи до двух тысяч, не более... при условии, что они будут перевезены на Остров Мэн и остается там до тех пор, пока не сочтет это необходимым. Однако он не может согласиться с тем, что двери открыты для евреев без разбора. Надо иметь в виду, что в этой стране уже находится 10 тысяч беженцев и что проблема их размещения очень сложна и станет критической в случае возобновления воздушных атак. Министр внутренних дел также отмечает, что под пеплом в этой стране тлеет значительный антисемитизм. Если бы произошло резкое увеличение числа еврейских беженцев или если бы эти беженцы не покинули Великобританию, после войны у нас были бы серьезные проблемы».

Действительно некомментируемо. До дрожи. Это еще не конец, потому что

«когда в конце декабря 1942 г. британские дипломаты в Турции сообщили, что Румыния, возможно, согласится освободить до 70 тысяч евреев, чиновник министерства иностранных дел, специалист по этому вопросу, определил это как ужасную «перспективу», с которой, однако, должно было столкнуться лицо в лицо, если хотели избежать упреков архиепископов. Отречение Румынии избавило Великобританию от этого испытания».

16 января леди Ридинг, основательница и президент Женской добровольной службы (WVS), направила Черчиллю следующее письмо:

«Вы знаете лучше, чем я могла бы описать словами, ужасные условия, в которых евреи оказались во власти нацистов... некоторые еще могут быть спасены, если можно сломать железные оковы бюрократии».

Офис Черчилля отреагировал неприемлемо:

«В настоящий момент мы уделяем пристальное внимание всей огромной проблеме оказания помощи как евреям, так и неевреям [как будто это одно и то же в разгар геноцида! Примечание автора], которые оказались под контролем врага... даже если бы мы получили разрешение на отправку к нам всех евреев (оставим на мгновение в стороне беженцев-неевреев), транспортировка сама по себе представляла бы трудную для решения проблему...».

Случалось также, что

«Люди, работавшие в визовом отделе, жаловались, что на Рождество 1942 года получили поздравительные открытки, в которых они были названы «убийцами». А в США? «Конгресс по большей части проявил безразличие... Но и в Америке резонанс который получил рост запросов о помощи, был таков, что некоторые представители Госдепартамента попытались заблокировать поток информации».

Впоследствии «20 января 1943 г. министерство иностранных дел направило в Вашингтон меморандум», в котором «британцы открыто отказывались рассматривать проблему беженцев как исключительно еврейскую проблему, объясняя, что многие другие народы страдают и что критика была бы справедливой, если бы союзники продемонстрировали предпочтение израильтянам. Министерство иностранных дел прогнозировало рост антисемитизма, в какую бы страну ни ввозили евреев из-за границы. Германия или ее сателлиты могли бы наводнить другие страны иностранными иммигрантами».

Таким образом, проблема заключалась также в том, чтобы положить конец иммиграции и последовавшему за этим антисемитизму, а также в необходимости защитить знаменитую секретную систему расшифровки союзников «Энигма», которая уже раскрыла «Окончательное решение», осуществляемое в Европе.

Фактически министерство иностранных дел добавило:

«Правительство Его Величества приняло все возможные меры, чтобы... опровергнуть идею о том, что обширные планы оказания помощи возможны в нынешней сложной военной ситуации».

И у Швейцарии тоже есть свои скелеты в шкафу:

«Накануне посольство Швейцарии в Лондоне... [подчеркнуло - примечание автора] Министерству иностранных дел... то, что Конфедерация не могла выдержать бремя беженцев даже в послевоенный период [и - примечание автора] просила гарантию в этом смысле... посол добавил, что Швейцария очень обеспокоена постоянным притоком беженцев, и Алек Рэндалл заверил его, что переговоры будут неформальными и предварительными и, конечно, никто не просил бы правительство Берна о взятии на себя каких-нибудь обязательств без предварительной консультации».

24 марта 1943 г. Джозефу М. Проскауэру из Американского еврейского комитета и раввину Уайзу, которые были сопредседателями Объединенного чрезвычайного комитета по делам европейских евреев, удалось добиться встречи с министром иностранных дел Иденом.

«27 марта, в субботу, Иден дал им полчаса. Уайз и Проскауэр попросили, чтобы в новой декларации союзников содержалась просьба к Гитлеру разрешить евреям покинуть оккупированную Европу. Иден назвал эту идею «совершенно немыслимой»... Министр был очень обескураживающим, когда обсуждался план по отправке еды голодающим евреям, живущим в Европе, и отверг любые другие предложения. Деморализованные Уайз и Проскауэр вернулись к Уэллсу, который пообещал сделать все, что в его силах».

Таким образом, мы подходим к повествованию об англо-американской Бермудской конференции 19 апреля 1943 г.:

«В дебатах за закрытыми дверями на Бермудских островах каждая сторона согласилась не трогать больное место другой; Британцы опасались любых предложений, которые могли бы рассердить арабов на Ближнем Востоке и включать переговоры с Германией об освобождении евреев или поставке продовольствия через блок союзников; Соединенные

Штаты опасались всего, что могло поставить под угрозу их строгую иммиграционную политику».

Если потом 6 миллионов евреев будут убиты, что поделаешь...

• • • •

Благодарность (*перевод автора*)

Я хотел бы выразить искреннюю благодарность Ларисы КИШКЕВИЧ, без перевода которой эта русская версия была бы невозможна.

Правда фактов об арабо-палестинском конфликте - это то, на чем я сосредоточился в этом эссе.

Учитывая огромный успех, которого не следовало ожидать в таких масштабах, и постоянные просьбы со всего мира, книга уже переведена на английский, испанский, французский, немецкий, португальский, голландский, арабский и иврит. Теперь дело за вами, дорогие читатели, - распространить информацию о книге и сделать ее известной, в том числе благодаря вашим отзывам в Интернете.

Библиографические ссылки

Allam, M.C. *Viva Israele. Dall'ideologia della morte alla civiltà della vita. La mia storia.* Mondadori, Milano, 2007.

Bard, M. *The Complete Idiot's Guide to Middle East Conflict.* Alpha, Indianapolis, 1999.

- *The Arab lobby. The invisible alliance that undermines America's interests in the Middle East.* Harper Collins, New York, 2011.

- *Myths and Facts. A Guide to the Arab-Israeli Conflict.* CreateSpace Independent Publishing, Platform Scotts Valley, 2017.

Barnavi, E. *Storia d'Israele. Dalla nascita dello Stato all'assassinio di Rabin.* Bompiani, Milano, 2001.

Ben Gurion, D. *Il sionismo*, Luni, Milano , 2000.

Black, I. *Nemici e vicini. Arabi ed ebrei in Palestina e Israele. 1917-2017.* Einaudi, Torino, 2018.

Boltanski, C., El-Tahri, J. *Les sept vies de Yasser Arafat.* Grasset & Fasquelle, Parigi, 1997.

Bregman, A. *La vittoria maledetta- storia di Israele e dei territori occupati.* Einaudi, Torino, 2017.

Breitman, R.D., *Il silenzio degli alleati. La responsabilità morale di inglesi e americani nell'Olocausto ebraico.* Mondadori, Milano, 2000.

Brillanti, C. *Studi politici. Materiali e documenti. Le sinistre italiane e il conflitto arabo-israelo-palestinese. 1948-1973.* University Press, Pisa, 2018.

Chomsky N., Pappé I., *Palestina e Israele: che fare?* Fazi, Roma, 2015.

Codovini, G. *Storia del conflitto arabo israeliano palestinese. Tra dialoghi di pace e monologhi di guerra.* Bruno Mondadori, Milano, 2007.

Del Valle, A. *Il totalitarismo islamista all'assalto delle democrazie.* Solinum editore, Alessandria, 2007.

- *Perché la Turchia non può entrare nell'Unione europea.* Guerini ed Associati, Milano, 2009.

- *I Rossi Neri, Verdi: la convergenza degli Estremi opposti. Islamismo, comunismo, neonazismo.* Lindau, Torino, 2009.

Dershowitz, A. *The Case for Israel.* Wiley, Hoboken, 2003.

Eban, A. *Eredità. Gli ebrei e la civiltà occidentale.* Mondadori, Milano, 1986.

Estulin, D. *Isis S.p.a.* Sperling & Kupfer, Segrate (Mi), 2016.

Finkelstein, I. *Il regno dimenticato. Israele e le origini nascoste della Bibbia.* Carocci, Roma, 2020.

Foxman, H. *The Deadliest Lies. The Israel Lobby and the Myth of Jewish Control.* Abraham St. Martin's Press, New York, 2007.

Fraser, T.G. *Il conflitto arabo-israeliano.* Il Mulino, Bologna, 2009.

Hart, A. *Arafat, Terrorist or peacemaker?* Sidgwick & Jackson, London, 1984.

Herzl, T. *Lo Stato ebraico.* Carabba, Lanciano (Ch.), 1918.

Meotti G. *Muoia Israele. La brava gente che odia gli ebrei.* Rubbettino Editore, Soveria Mannelli, 2015.

- *L'Europa senza ebrei.* Lindau, Torino, 2020.

Moncada Di Monforte, M. *Israele. Uno Stato razzista. Anche verso gli ebrei non europei.* Armando Editore, Roma, 2010.

Morris, B. *1948. Israele e Palestina tra guerra e pace.* Rizzoli, Milano, 2004.

- *Esilio. Israele e l'esodo palestinese 1947-1949.* Rizzoli, Milano, 2005.

- *La prima guerra di Israele. Dalla fondazione al conflitto con gli Stati arabi 1947-1949.* Rizzoli, Milano, 2007.

- *Due popoli una terra.* Rizzoli, Milano, 2008

- *Vittime. Storia del conflitto arabo-sionista 1881-2001.* Rizzoli, Milano, 2009.

Morris, B., Black, I. *Mossad. Le Guerre Segrete Di Israele.* Rizzoli, Milano, 2003.

Nirenstein, F. *A Gerusalemme.* Rizzoli. Milano, 2012.

- *Le 12 bugie su Israele. Tutti i luoghi comuni dell'odio antiebraico.* Editore il Giornale, Milano. 2016.

- *Jewish Lives Matter. Diritti umani e antisemitismo.* Giuntina, Firenze, 2021.

Pacepa, M. *Red Horizons. Chronicles of a Communist Spy Chief.* Gateway Books, Southlake, 1987.

Pappé, I. *La pulizia etnica della Palestina.* Fazi, Roma, 2008.

- *Storia della Palestina moderna. Una terra, due popoli.* Einaudi, Torino, 2014.

Rocca, C. *Contro l'Onu.* Lindau, Torino, 2005.

Said, E. *La questione palestinese. La tragedia di essere vittima delle vittime.* Gamberetti, Roma, 2001.

Tarquini, A. *Socialismo, sionismo e antisemitismo dal 1892 al 1992.* Il Mulino, Bologna, 2019.

Vercelli, C. *Israele. Storia dello Stato. Dal sogno alla realtà (1881-2007).* La Giuntina, Firenze, 2007.

- *Breve storia dello Stato d'Israele 1948-2008.* Carocci, Roma, 2008.

- *Storia del conflitto israelo-palestinese.* Laterza, Bari-Roma, 2010.

Другие переводы книги

https://www.amazon.it/Linganno-palestinese-storia-indicibili-antisraeliane/dp/B0B5KXDSFF

https://www.amazon.es/El-engaño-palestino-historia-antisraelíes-ebook/dp/B0BT5642FW/ref=tmm_kin_swatch_0?_encoding=UTF8&qid=1674980981&sr=1-2

https://www.amazon.com/Palestinian-deceit-story-unbelievable-anti-Israeli/dp/B0BW31GHBG/ref=sr_1_1?keywords=the+palästinensischer+Betrug&qid=1679732849&sr=8-1[1]

https://www.amazon.fr/mensonge-palestinien-dincroyable-désinformation-anti-israélienne/dp/B0C12527PN/ref=tmm_pap_swatch_0?_encoding=UTF8&qid=&sr=

https://www.amazon.nl/Het-Palestijnse-Bedrog-afschuwelijk-anti-Israël/dp/B0CNH1LKHN/ref=sr_1_1?__mk_nl_NL=ÅMÅŽÕÑ&crid=1Q9IVZ92T56BY&keywords=ta 1

https://www.amazon.com/התרמית-הפלסטינאית-הסיפור-האמיתי-ישראליים/dp/B0CNQ53C39/ref=sr_1_4?crid=13OINC485F49A&keywords=tanio+romano&qid=17022827

https://tinyurl.com/97feraxv (árabe)

1. https://www.amazon.com/Palestinian-deceit-story-unbelievable-anti-Israeli/dp/B0BW31GHBG/ref=sr_1_1?keywords=the+palestinian+deceit&qid=1679732849&sr=8-1

www.ingramcontent.com/pod-product-compliance
Lightning Source LLC
Chambersburg PA
CBHW071329150726
47997CB00002B/643